威仪的祭祠

中华文化风采录

千秋圣殿奇观

陈 璞 编著

北方妇女儿童出版社

·长春·

版权所有　侵权必究

图书在版编目（CIP）数据

威仪的祭祠 / 陈璞编著. —长春：北方妇女儿童出版社，2017.5（2022.8重印）
（千秋圣殿奇观）
ISBN 978-7-5585-1060-1

Ⅰ．①威… Ⅱ．①陈… Ⅲ．①祠堂—介绍—中国 Ⅳ．①K928.75

中国版本图书馆CIP数据核字（2017）第103423号

威仪的祭祠

WEIYI DE JICI

出 版 人	师晓晖	
责任编辑	吴　桐	
开　　本	700mm×1000mm　1/16	
印　　张	6	
字　　数	85千字	
版　　次	2017年5月第1版	
印　　次	2022年8月第3次印刷	
印　　刷	永清县晔盛亚胶印有限公司	
出　　版	北方妇女儿童出版社	
发　　行	北方妇女儿童出版社	
地　　址	长春市福祉大路5788号	
电　　话	总编办：0431-81629600	

定　　价　　36.00元

习近平总书记说：“提高国家文化软实力，要努力展示中华文化独特魅力。在5000多年文明发展进程中，中华民族创造了博大精深的灿烂文化，要使中华民族最基本的文化基因与当代文化相适应、与现代社会相协调，以人们喜闻乐见、具有广泛参与性的方式推广开来，把跨越时空、超越国度、富有永恒魅力、具有当代价值的文化精神弘扬起来，把继承传统优秀文化又弘扬时代精神、立足本国又面向世界的当代中国文化创新成果传播出去。”

为此，党和政府十分重视优秀的先进的文化建设，特别是随着经济的腾飞，提出了中华文化伟大复兴的号召。当然，要实现中华文化伟大复兴，首先要站在传统文化前沿，薪火相传，一脉相承，弘扬和发展5000多年来优秀的、光明的、先进的、科学的、文明的和自豪的文化，融合古今中外一切文化精华，构建具有中国特色的现代民族文化，向世界和未来展示中华民族具有独特魅力的文化风采。

中华文化就是中华民族及其祖先所创造的、为中华民族世世代代所继承发展的、具有鲜明民族特色而内涵博大精深的优良传统文化，历史十分悠久，流传非常广泛，在世界上拥有巨大的影响力，是世界上唯一绵延不绝而从没中断的古老文化，并始终充满了生机与活力。

浩浩历史长河，熊熊文明薪火，中华文化源远流长，滚滚黄河、滔滔长江是最直接的源头，这两大文化浪涛经过千百年冲刷洗礼和不断交流、融合以及沉淀，最终形成了求同存异、兼收并蓄的辉煌灿烂的中华文明。

中华文化曾是东方文化的摇篮，也是推动整个世界始终发展的动力。早在500年前，中华文化催生了欧洲文艺复兴运动和地理大发现。在200年前，中华文化推动了欧洲启蒙运动和现代思想。中国四大发明先后传到西方，对于促进西方工业社会形成和发展曾起到了重要作用。中国文化最具博大性和包容性，所以世界各国都已经掀起中国文化热。

中华文化的力量，已经深深熔铸到我们的生命力、创造力和凝聚力中，是我们民族的基因。中华民族的精神，也已深深根植于绵延数千年的优秀文化传统之中，是我们的精神家园。但是，当我们为中华文化而自豪时，也要正视其在近代衰微的历史。相对于5000年的灿烂文化来说，这仅仅是短暂的低潮，是喷薄前的力量积聚。

中国文化博大精深，是中华各族人民5000多年来创造、传承下来的物质文明和精神文明的总和，其内容包罗万象，浩若星汉，具有很强的文化纵深感，蕴含丰富的宝藏。传承和弘扬优秀民族文化传统，保护民族文化遗产，已经受到社会各界重视。这不但对中华民族复兴大业具有深远意义，而且对人类文化多样性保护也是重要贡献。

特别是我国经过伟大的改革开放，已经开始崛起与复兴。但文化是立国之根，大国崛起最终体现在文化的繁荣发展上。特别是当今我国走大国和平崛起之路的过程，必然也是我国文化实现伟大复兴的过程。随着中国文化的软实力增强，能够有力加快我们融入世界的步伐，推动我们为人类进步做出更大贡献。

为此，在有关部门和专家指导下，我们搜集、整理了大量古今资料和最新研究成果，特别编撰了本套图书。主要包括传统建筑艺术、千秋圣殿奇观、历来古景风采、古老历史遗产、昔日瑰宝工艺、绝美自然风景、丰富民俗文化、美好生活品质、国粹书画魅力、浩瀚经典宝库等，充分显示了中华民族厚重的文化底蕴和强大的民族凝聚力，具有极强的系统性、广博性和规模性。

本套图书全景展现，包罗万象；故事讲述，语言通俗；图文并茂，形象直观；古风古雅，格调温馨，具有很强的可读性、欣赏性和知识性，能够让广大读者全面触摸和感受中国文化的内涵与魅力，增强民族自尊心和文化自豪感，并能很好地继承和弘扬中国文化，创造未来中国特色的先进民族文化，引领中华民族走向伟大复兴，在未来世界的舞台上，在中华复兴的绚丽之梦里，展现出龙飞凤舞的独特魅力。

浩然正气——文丞相祠

山西晋祠

晋祠位于山西省太原西南悬瓮山麓的晋水之滨。背山靠水，古木参天，殿宇宏大。

晋祠始建于北魏以前，为纪念周代分封的晋国开国国君唐叔虞而建。1500多年以来，我国古代的许多王朝都曾对晋祠进行维修或扩建。晋祠是我国著名的古典祠庙园林建筑，影响深远。

晋祠中的齐年柏、难老泉和圣母殿宋代侍女像彩塑被誉为"晋祠三绝"，具有浓厚的历史文化底蕴。

北魏前为奉祀叔虞而建祠

相传，在西周时期，周武王姬发之妃邑姜怀孕的时候，梦见天帝说："我给你的儿子命名为虞，将来在唐地兴国立业，那里是参宿的分野，叫他在那里养育自己的子孙。"

■山西晋祠

山西晋祠对越

说来也巧，在当时的山西南部的翼城、曲沃和绛县之间，确实有一个殷商曾封的小国"唐"，依山枕水，美丽富饶。

胎儿出生后，手上果然有个"虞"字，于是邑姜给他起名"虞"。他就是周朝晋国的始祖唐叔虞，其母邑姜因之被后世尊为"天圣"。

唐叔虞，姓姬，名虞，是周武王的幼子，周成王姬诵的同母弟弟，他也是韩姓血缘的祖先。周武王死后，周成王姬诵年幼，便由周武王的弟弟周公摄政。周公灭掉殷商封国唐后，就遵照邑姜的意愿把唐封给了叔虞。

公元前1054年，周都镐京举行了盛大的册封仪式。在典礼上，周成王封赠叔虞以大路、密须之鼓、阙巩之甲、沽洗之钟等名贵的器物，并赐叔虞怀姓九宗、职官五正等异姓贵族人口帮助他去组织新政权。

周朝 是我国历史上继商朝之后的一个世袭王朝，分"西周、东周"两个时期。西周由周武王姬发创建，定都镐京和丰京，成王时期营建洛邑；西周末年，周平王姬宜臼从镐京东迁洛邑后，史称东周。东周时期又分"春秋、战国"。

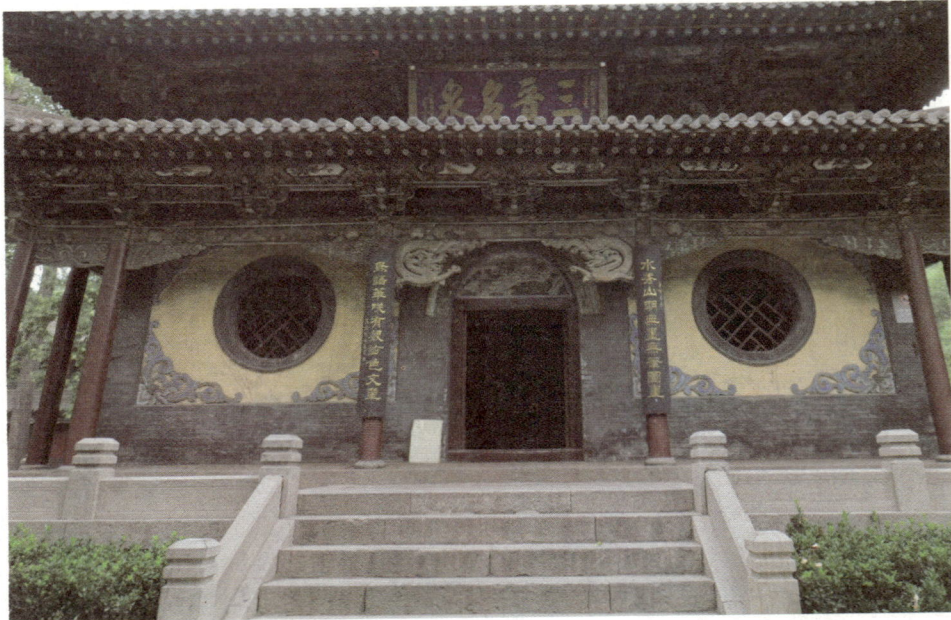

■ 晋祠古建筑"三晋名泉"

威仪的祭祠

周公 历史上的第一代周公姓姬，名旦，亦称叔旦，因其封地在今宝鸡市岐山北，故称周公或周公旦，是西周初期杰出的政治家、军事家和思想家，被尊为儒学奠基人，也是孔子一生最崇敬的古代圣人之一，"周公吐哺"即说周公旦。其言论散见于《尚书》等著作。

同时，周成王"命以唐诰而封于夏墟，启以夏正，疆以戎索"。

所谓"启以夏正，疆以戎索"就是周成王和周公给叔虞所规定的施政纲领，准许叔虞因地制宜，从唐国实际情况出发，以戎法去治理戎人。

叔虞先被封到山西境内的唐国，所以他就以唐为氏，被称为唐叔虞，这块古老的土地也因而成为后来晋国的发祥之地。

唐国当时地处夏人的故墟，四周遍布戎狄部落，一场叛乱刚刚平定，局势动荡不安，阶级矛盾和民族矛盾都十分尖锐。

叔虞来到唐都山西翼城后，按照"启以夏正，疆以戎索"的既定国策，励精图治，鼓励民众发展农牧业生产，兴修水利，使唐国民众逐步过上了安定、富足的生活。

唐国附近原有的许多戎狄部落也先后归附了他。唐国的疆土日渐扩大，这为后来晋国的国泰民安奠定了坚实的基础。

叔虞之子燮父继位后，迁都于晋水之旁，因境内有晋水，便改国号为晋，这就是晋国历史的开始，也是后来山西简称"晋"的由来。因太原在晋水之北，而水之北谓阳，因此当时太原被改为"晋阳"。

"启以夏正，疆以戎索"的方针成为晋国后世治国的传统政策，对后来的晋国乃至韩、赵、魏三国的政治经济和思想文化，都有着深刻的影响，从而形成了颇具特色的三晋文化体系。

在三晋政治思想中，以血缘关系为纽带的正统宗法观念比较淡薄，使晋国政治具有尚贤、尚法、尚公的特色，使韩、赵、魏成为三晋早期法家的策源地；

戎狄 戎和狄主要分布在黄河流域或更北和西北地区，是先秦时对我国北方、西北等地少数民族的统称。所谓东方是夷，南方是蛮，西方是戎，北方是狄，都是泛指除华夏族以外的民族。

■ 晋祠古建筑的飞檐 飞檐是我国传统建筑檐部形式，多指屋檐特别是屋角的檐部向上翘起，常用在亭、台、楼、阁、宫殿和庙宇等建筑的屋顶转角处，四角翘伸，形如飞鸟展翅，轻盈活泼，所以也常被称为"飞檐翘角"。

周厉王 本名姬胡，在位37年，他横征暴敛，并剥夺一些贵族的权力，将社会财富和资源垄断起来，因此招致了贵族和平民的不满。后来，曾臣服于周的东南夷不堪承受压榨，也奋起反抗。公元前841年发生国人暴动，周厉王仓皇而逃，后于公元前828年死于彘，即今山西霍州市。

■ 晋祠大门前的石狮子

三晋文化具有求同存异、兼收并蓄和宽容博大的特色，能够不断融合周边文化以发展壮大自己等，都同"启以夏正，疆以戎索"的方针有着密切的历史渊源关系。

公元前841年，周都"国人"暴动，周厉王逃奔于彘，即今山西霍州市，于公元前841年开始了"共和行政"，称共和元年，这是我国有明确纪年的开始，也是晋国有确切纪年的开始。

作为晋国立国创业的始祖和三晋文化的开创者，唐叔虞的历史功绩不可磨灭，因此他得到了后人的传颂。人们为了奉祀他，就在他曾经的封地上建了一座"唐叔虞祠"，也就是后来的"晋祠"。

晋祠所处的悬瓮山麓，背负悬山，面临汾水，依山就势，利用山坡之高下，分层设置，在山间高地上充分地向外借景，依地势的显露、山势的起伏构成

■ 晋祠圣母殿侍女像彩塑 作于北宋元佑年间，作者运用敏锐的观察力，以极其朴素的写实手法，表现了这些虽然衣食无缺，但处于被奴役地位的众多女性的不同经历和个性，以及她们共有的美丽、善良。圣母殿内的彩塑是晋祠文物中的精华，也是我国古代泥塑艺术的珍品。

了晋祠周围壮丽巍峨的景观。

晋祠的始建年代没有明确记载，因此无法确定晋祠到底建于何时。

但在祠区内有20余棵上千年的古树，尤其是齐年柏和长龄柏两棵周柏，树龄都有2000多年，植于西周时期，它们见证了晋祠悠久的历史。

长龄柏位于晋祠内后来的东岳祠西南隅，树高17米，树围5.1米，主干直径1.6米，苍古突兀，节骨嶙峋，乔枝耸干，根如铜铸，森梢若矛，虬枝盘铁，其形各异，多类禽兽，半枯半荣，宛若团鹏。人们多称该树枝干形态具"十二生肖"像。

齐年柏在晋祠内后来的苗裔堂前，树身向南倾斜，与地面成45度角，形若卧龙，所以俗称"卧龙柏"或"古柏齐年"，为"晋祠八景"之一。

齐年柏与难老泉、圣母殿宋代侍女像彩塑合称"晋祠三绝"。齐年柏树高17.4米，树围5.5米，主干直径1.8米，苍劲挺拔，龙蟠虬屈，翠影婆娑。

齐年柏偃卧的主干下方，有一个巴掌大的椭圆形树洞，里面有一个树节，很像一只眼睛，俗称"龙

晋国 周代春秋时期诸侯国名，出自周成王弟唐叔虞。疆域约为今山西省南部。唐叔虞之子晋侯燮父徙居晋水，至晋孝侯时，国都名翼；曲沃代翼之后，晋献公迁都绛，别都曲沃。公元前403年，晋国卿大夫韩虔、赵籍、魏斯三家自立为诸侯，分裂晋国。

威仪的祭祠

■ 晋祠里的古树

欧阳修 北宋著
名文学家，字永
叔，号醉翁，
别号"六一居
士"，常以"庐
陵欧阳修"自
称。他的主要著
作有《欧阳文忠
公文集》。他奉
诏与学者宋祁编
撰史学著作《新
唐书》。后人将
其与唐代大诗人
韩愈、柳宗元和
北宋文学家苏轼
合称"千古文章
四大家"。

眼"，一向被世人认为是晋祠内的神圣之物。

因此历代文人墨客题咏不绝，尤以后来北宋文学
家欧阳修的"地灵草木得余润，郁郁古柏含苍烟"诗
句和清代书法家傅山的"晋源之柏第一章"题词，流
传最广，影响最大。

总之，"唐叔虞祠"始建于北魏以前，因为最早
关于晋祠的记载，就始见于北魏著名的地理学家、散
文家郦道元所著的水文地理专著《水经注》，郦道元
曾在书中写道：

悬瓮之山，晋水出焉，昔智伯之遏晋水
以灌晋阳，其川上溯，后人踵其遗迹，蓄以
为沼。沼西际山枕水，有唐叔虞祠。

水侧有凉堂，结飞梁于水上，左右杂树
交荫，希见曦景……于晋川中为胜处。

由此可见，北魏时期的晋祠已经祠、堂、飞梁都具备了，也就是说早在1500年前，晋祠在晋阳就已经具有相当大的规模了。在漫长的岁月中，晋祠曾经过多次修建和扩建，面貌不断改观。

北齐天保年间，文宣皇帝高洋将晋阳定为陪都，又在晋祠"大起楼观，穿筑池塘"，进行了一次大的扩建。晋祠的难老泉亭、善利泉亭、八角莲池、雨花寺、上生寺等，都是这个时期的建筑。

晋祠坐北朝南，山门三楹，门外台阶高耸。院中设享堂，将祠宇隔为前后两进。

大殿的神龛内，唐叔虞像端坐正中，身穿蟒袍，手执玉圭，神采奕奕，相貌堂堂。

神龛内左右各有一侍童待召，神台下文臣武将相对而立。

难老泉俗称南海眼，位居水母楼前，是晋水的主

陪都 是指因政治、地理原因或其他政治军事形势的原因，朝廷或国家在正式首都之外选择特定地理位置所建立的辅助性首都。我国古代存在着普遍性的"陪都现象"，最早出现于殷商时期，但比较正规的陪都始于西周。西周都城在镐京，陪都在洛阳。

■ 晋祠齐年

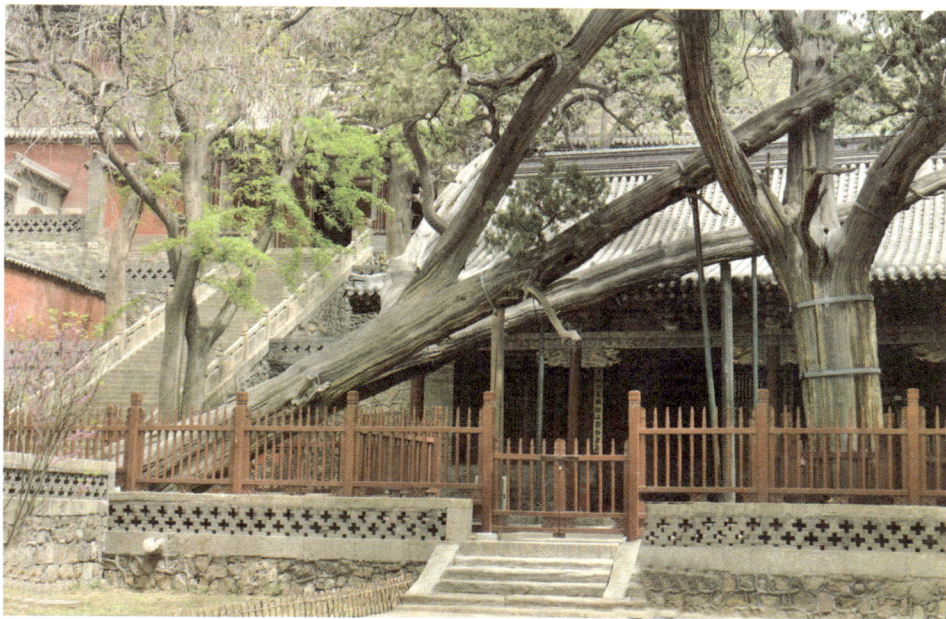

《鲁颂》是《诗经》中《颂》的一部分，共4篇：《駉》歌颂鲁公养马众多，注意国家长远利益的诗；《有駜》颂祷鲁公和群臣宴会饮酒的乐歌；《泮水》是一首赞美鲁公战胜淮夷以后，在泮宫祝捷庆功，宴请宾客的诗歌；《閟宫》是歌颂鲁僖公能兴祖业、复疆土和建新庙的诗。

要源头，因其水温恒定清澈如碧玉，常年不息，所以有人便摘取《鲁颂》中"永锡难老"的锦句命名其为"难老泉"。相传，从难老泉分流出来的四股水，曾在晋祠一带形成水磨碾108盘。

难老泉有"晋阳第一泉"之称，泉水自悬瓮山底岩层涌出，潜流10多米，从水塘西岸半壁的石雕龙口注入塘中，看似白练飞舞，听如鸣琴合奏，构成晋祠八景之一的"难老泉声"。此景为晋祠胜景的精华所在，也是"晋祠八景"之最。

难老泉上建有"难老亭"，高9米，为八角攒尖顶，形圆顶锐，宛如瓮盖，周空而中虚，共六楹，淳朴潇洒。泉口设木槛，防人跌落。泉亭下端清潭西壁半腰间，有汉白玉雕成的龙头，泉水由此向东喷水，泻入下方清潭。

■ 晋祠难老泉

清潭又名金沙滩，也叫"石塘"，在晋祠中的

圣母殿南面，面积约100平方米。于后来宋嘉祐年间筑塘，中横石堰，开凿有十孔，北七南三，东连人字堰，西竖分水石塔。潭水清澈见底，游鱼历历可数，水中草藻，四季常青。

唐代诗人李白游历晋祠时，曾浮舟于晋水源头，欣然作诗，讴歌晋水"浮舟弄水箫鼓鸣，微波龙鳞莎草绿""晋祠流水如碧玉""百尺清潭写翠娥"。

北宋的著名文学家范仲淹也赞美此泉"千家灌禾稻，满目江南田"；"皆如晋祠下，生民无旱年"。

难老泉亭虽然不大，但荟萃了众多名联匾额，其中以后来明末清初的著名书法家傅山所书、悬于亭内最高处的"难老"竖匾最负盛名，其用笔苍劲洗练，颇具神韵，被世人誉为"神奇之笔"，为晋祠三大名匾之一。

此外，亭内还有刘汇的"晋阳第一泉"、杨一阳的"奕世长清"等三块匾。

善利泉又名北海眼，也是晋水的源泉之一，但水

李白（701年—762年）字太白，号青莲居士，唐朝诗人，有"诗仙"之称，伟大的浪漫主义诗人，为唐诗的繁荣与发展打开了新局面，歌行体和七绝达到后人难及的高度。他存世诗文千余篇，代表作有《蜀道难》《将进酒》等诗篇，有《李太白集》传世。

■ 晋祠内的唐槐

《老子》 又称
《道德经》《道
德真经》《五千
言》《老子五千
文》，传说是我
国道家学派的创
始人、春秋时期
的老子即李耳所
撰写，是道家哲
学思想的重要来
源。《道德经》
分上下两篇，81
章。是我国历史
上首部完整的哲
学著作。

流微小，不及难老泉的1／10。善利泉位于唐叔虞祠西南隅，朝阳洞东面，静怡园南面。泉水从山底断层岩中淌出，一年四季，水温如常，泉流如玉，晶莹剔透，游鱼细石，清冽可视。

善利泉水分流暗溪与八角莲池两个方向。善利泉的上边建有"善利泉亭"，为八角攒尖式，面积72平方米。善利泉亭内"善利"一匾，典出自《老子》："上善若水，水善利万物而不争。"

八角莲池又名放生池，位于唐叔虞祠前。其形八角，约半亩大，周绕矮砖栏。善利泉水自西北入，鱼沼水自西南入，东有浅水口通北河。

八角池中植莲，一向为人们所赞赏，有"莲池映月"之称，为晋祠内八景之一。池中所植睡莲，花分红、白两色，花期很长，每当日暮便将开放的花瓣合拢如蓓蕾状；日出便又渐次开放，且朵朵均挺出于碧绿的翠叶之上。夜间如有碧月照临，清波翠浪，蟾光倒映，更觉分外增辉。

雨花寺庙位于晋祠西部，坐北朝南，由正殿、配殿、东西厢房、山门及钟鼓楼组成。正殿三楹，砖木结构，歇山式建筑，塑有佛像三尊，塑工颇佳。配殿齐全，左右配殿各三，左安关帝，右安观音，东配殿奉二郎神，西配殿祀土地神，韦驮小殿在庭中。东西厢房各五间，硬山式砖木结构。

雨花寺的山门左右为钟鼓楼，门前有石狮一对。寺庙前沿为高阔平台，呈方形，围以汉白玉栏杆。此寺先后于明清时期进行了修缮，寺庙的山门悬挂有清代著名书法家柯璜的题匾"妙法庄严"。

上生寺位于晋祠的南部，距德隐斋约100米。寺前有寺楼河经过，河水清澈见底，常有鱼儿在水中嬉戏。正殿三楹，中奉佛像，西僧舍三椽，庭中有韦驮佛小殿。院内有4棵高大挺拔的松柏，直插云霄。

经过北齐扩建后，晋祠规模更胜于北魏了。公元569年，因为佛教非常盛行，北齐后主高纬便下诏将晋祠改名为"大崇皇寺"。

阅读链接

相传，有一天，周成王逗幼小的叔虞玩耍，他把一片桐叶剪成了一个似玉娃娃的形状，对唐叔虞说："把这玉娃娃给你，封你去将来做唐国诸侯！"

周成王本是一句玩笑话，岂料史官史佚立认了真，并以"天子无戏言，言则史书之，礼成之，乐歌之"为由，即请周成王选择吉日立姬虞为唐侯。

周成王无奈，便答应了下来。公元前841年，周成王平定唐国叛乱后，果真封姬虞于唐国，建都于今翼城县15千米处的唐城村。这就是历史上"剪桐封弟"的故事。

隋唐时晋祠得到长足发展

传说，隋朝的开国皇帝杨坚是个虔诚的佛教信徒。

有一次，西域进贡来一粒舍利，他便命儿子晋王杨广迎请，并于公元581年在晋祠内后来的奉圣寺北浮屠院中央兴建了舍利塔。

■晋祠胜境

■ 十方奉圣禅寺

根据佛教的说法，舍利本身不但可以随意拾取，而且是不断增加的，即所谓的"生生不竭"，因此该塔取名为"舍利生生塔"。

舍利生生塔为七层楼阁式砖塔，总高38米，平面八角形。砖砌台基每边长6.35米，高1.4米，上置大型条石砌筑的八角须弥座塔基。塔基每边长4.25米，高1.58米。

塔平面逐层递减，收分十分明显，使得整座塔造型稳健刚劲。塔体第一层南向辟券门，第二层起每面设拱门虚实相错。每层均有砖砌斗拱飞椽，其上出平座，以琉璃脊饰代替小型勾栏，可供凭倚。

塔体四周拱门上方雕砖刻大字匾24块。一至五层的匾文内容为佛教主题，因当时塔中均塑佛与菩萨像。六七层塔内供奉的是文昌帝君与魁星，其内容也迥然不同。在小小的塔内三教和平共处，明显地反映

须弥座 又名"金刚座""须弥坛"，是由佛座演变来的，形式与装饰比较复杂，由多层砖石构件叠埋而成，一般用于高级建筑的台基，如宫殿和庙宇等重要建筑物上。用须弥座做底，以显示佛的神圣伟大。我国最早的须弥座见于北魏石窟。

地宫 就是僧人圆寂后使用的墓地，是为埋藏舍利在塔基下建的地窖。早期的塔舍利放在塔刹，南北朝渐兴在塔下埋藏舍利。地宫是石雕刻和石结构相结合的典型建筑，是陵寝建筑的重要组成部分，为安放死者棺椁的地方。

■ 舍利生生塔

了晋祠是一座三教合一的祠宇。

塔顶八面镶嵌琉璃坐龙八条，姿态生动，异彩纷呈，八角攒尖顶。每当旭日东升或夕阳晚照之时，五彩琉璃反射出耀眼的光辉，犹如万道霞光，格外壮丽。晋祠八景之一的"宝塔披霞"就是指此景观。

后来宋代重建时，发现了地宫内的一个石舍利函。石函内贮银匣，匣中金瓶里藏有舍利。石函盖上刻有"宋宝元二年重修塔"的铭文。

在隋代，晋祠有隋槐两棵。一棵位于昊天神祠、关帝庙院内。此树树干奇古，荫蔽庭际，是晋祠内古槐中最古老且生长最繁茂的一棵。另一棵位于智伯渠旁、会仙桥东，树干大而矮，叶亦繁茂，上蔽日光，下覆清泉。

到了唐代时，相传唐高祖李渊曾经为功勋显赫的大将尉迟敬德在晋祠的最南部修了一座府邸。但惯于征战冲杀的尉迟敬德在这里住着却并不自在，夜里常做噩梦，根本就睡不踏实。

尉迟敬德大惑不解，便去请教国师智满。国师告诉他："将军一生杀戮过甚，血腥气太浓，你必须修建一座寺庙，立佛堂，超度众生，方可解救。不然，会天长日久自困而亡。"

尉迟敬德听罢，觉得国师的

话很有道理，于是打算尽快捐出府邸以改建寺庙。随后，尉迟敬德把自己的想法禀奏了高祖李渊。李渊极为赞赏，并下旨赐额"十方奉圣禅寺"，俗称"奉圣寺"，又名释迦厂。

公元622年，寺院竣工。尉迟敬德从此日日焚香，天天忏悔，颇有放下屠刀、立地成佛的诚意。

奉圣寺坐西朝东，为两进院落，山门面宽3间，进深2间，单檐歇山顶，大门正中悬"景清门"大横匾，门柱挂楹联

山环水绕无双地；
神乐人欢第一区。

大门内外左右有后来塑的仿唐四大天神像。

奉圣寺第一院正中为弥勒殿，是后来从山西汾阳迁来的道教二郎庙中殿，面宽3间，进深2间，单檐悬山顶，殿内正面新塑大肚弥勒佛像，背面为韦驮护法。东西两侧各有新建碑廊5间，陈列着大小不等100余通唐代武周华严石经。

奉圣寺前院山门内南侧，移有唐代枯松一棵，相传尉迟敬德常将铠甲挂于树上，故将此树称为"挂甲

■ 晋祠内的铁狮子
晋祠内有两对铁狮子，这两对狮子里，各有一只张嘴的，一只闭嘴的。一般的解释为：公狮张嘴，发号施令；母师闭嘴，养儿育女，表现出封建时代的男尊女卑。其第一对里的"张嘴狮子"，立在殿堂右侧，公狮子的右爪下按着一个球，象征着牢牢把握权势。

尉迟敬德

（585年—658年）

本名尉迟恭，字敬德，鲜卑族，朔州善阳，即今山西朔州人。我国唐朝名将，他纯朴忠厚，勇武善战，一生戎马倥偬，征战南北，驰骋疆场，屡立战功，被封鄂国公。后来，尉迟恭被尊为民间驱鬼避邪、祈福求安的中华门神。

■ 塔旁的十方奉圣禅寺

松"。在前院的南北两廊内耸立着唐译石刻80卷《大方广佛华严经》64幢，字为小楷，遒劲舒展，属初唐上乘书法，均为佛学经文研究及书法艺术的珍品。

奉圣寺后院大雄宝殿，后来由太原东山马庄芳林寺迁入。大殿位于宽阔高敞的月台上，单檐歇山顶，面宽5间，进深3间，单檐歇山顶，上覆琉璃瓦。该殿高13.5米，通体用材硕大，气势宏伟壮丽。

殿中有9尊仿唐佛像，后院西殿北边有十六罗汉朝观音像，南边有地藏菩萨及十殿阎君像。殿内两山后檐墙满绘壁画，两山墙为释迦牟尼本身故事36幅，后檐墙为西方三圣释迦牟尼、阿弥陀佛及药师佛。

奉圣寺后来除正殿、中殿、法堂和宝塔外，其余均毁于兵火，多次得到重建，仍保留了过殿将寺院分为前后两进院落的建筑格局。

相传，奉圣寺建好后，曾在其大殿前植有柏树，

■ 晋祠水镜台

因其植于唐代，后世称之为"唐柏"，已有1400余年的历史，因它有9个主枝，所以它又称"九龙柏"，柯若青铜，根似坚石，霜皮溜雨，黛色参天。

唐时，在晋祠内还植有唐槐数棵：一棵在后来的老君洞前，枝干呈斜状，如一老者，主干一半有皮，一半有瘿，枝叶多俯垂，形象十分有趣；另一棵在后来的胜瀛楼西，遮同乐亭之半，众鸟巢于树上，错杂枝叶中，又名鹊巢槐。

另水镜台东南隅有两棵，东北隅一棵，或根枝盘峙，或宛若盆景，或蟠势如蛟。粗的树围达5米多，最细的亦有3米多。

唐太宗李世民和晋祠更是有很深的渊源。李世民曾跟随父亲李渊在晋阳居住多年，当时人称他为"太原公子"，而李世民本身也一直将太原看作"王业所基，国之根本"。李渊与李世民父子与晋祠的这些关系，对晋祠来说，自然意义非同寻常。

唐太宗 本名李世民，著名的政治家和军事家，还是书法家和诗人。他登基后，虚心纳谏，开疆拓土，在国内厉行俭约，轻徭薄赋，使百姓休养生息，各民族融洽相处。为后来唐朝全盛时期的开元盛世奠定了重要基础，"功大过微，故业不堕"，为后世明君之典范。

■ 晋祠内的建筑

　　646年，唐太宗李世民东征高丽归来途中，率群臣重游晋祠，想起父子当年发迹于神祠，保佑他们夺取江山的唐叔虞，不禁浮想联翩，感慨万千。于是，他复名"晋祠"，进行扩建，并亲撰《晋祠之铭并序》的铭文：

　　　　金阙九层，鄙蓬莱之已陋；玉楼千仞，耻昆阆之非奇。
　　落月低于桂筵，流星起于珠树。

　　《晋祠之铭并序》碑额左右各雕螭首一对，并头下垂，碑趺为矩形石礅，苍实古朴。全碑共1200多字。它一方面通过歌颂宗周政治和唐叔虞建国的事迹，以达到宣扬唐王朝的文治武功、巩固自己政权的目的；另一方面，李世民也答谢了叔虞神灵保佑李氏王朝"龙兴太原，实祷祠下，以一戎衣成帝业"的冥冥之功。

　　李世民非常喜爱王羲之的墨宝，他在书法艺术上也有颇高的造诣。《晋祠之铭并序》是我国最早的一块行书碑，中书"贞观廿年正月廿六日"9字，为飞白体。

该碑书法飞逸洒脱，骨骼雄奇，笔力遒劲。而此碑的刻工以洗练的刀法，充分表现出原书法的神韵,后人称之为继东晋大书法家王羲之《兰亭序》之后的又一块文笔俱佳的行书大作。

《晋祠之铭并序》碑已有1300多年的历史了，在300余通的晋祠碑碣中，它堪称晋祠碑碣之最，被列为晋祠"三大铭刻"之首。

晋祠《华严石经》是武周皇帝武则天称帝时她自己作的序，经文中武则天文自撰的"曌"字亦见于此。

《柏月山房记》镌刻于砖砌照壁，砖刻虽千凿百刻，却不留凿痕，也未见岁月沧桑。

公元647年，"贞观宝翰亭"建成后，《晋祠之铭并序》与李世民书的《御碑》便矗立于该亭中。贞观宝翰亭位于后来唐叔虞祠东侧，昊天神祠西侧，又名"唐碑亭"。初为一楹，面西，《晋祠之铭并序》碑在东面，《御碑》在西面。

晋祠以祭祀唐叔虞为主，其建筑布局也以坐东向西的唐叔虞祠为主体。直到宋代以后，由于地震引起山体滑坡，原来的唐叔虞祠被毁，晋祠的布局情况才有了改变。

阅读链接

据传，唐高祖李渊和唐太宗李世民父子与晋祠都有着深厚的渊源。

公元617年夏，太原留守李渊正为起兵做最后准备，而隋炀帝杨广安插在李渊身边的副手王威和高君雅却看出了他的图谋，企图以晋阳天旱，需到晋祠祈雨为名，伺机诱捕李渊。

不久，王威和高君雅的计谋被李渊识破，他们反被李渊擒杀于晋阳宫中。随后，李渊和李世民父子俩去了晋祠祈祷。

在他们看来，自己起兵无异于当年周武王伐纣，而唐叔虞正是周武王之子，所以求唐叔虞保佑，肯定将来大业可成。

北宋初增建圣母殿加祀圣母

到了宋朝初期，宋太祖赵匡胤、后来的宋太宗赵光义兄弟三下河东，攻伐晋阳城。当时，赵匡胤、赵光义等人鉴于战国赵襄子、汉文帝刘恒、北齐高洋父子、唐朝李渊父子、五代李存勖等人皆从晋阳起家，晋阳城北的系舟山历来被认为是龙角，西南龙山、天龙山是龙

晋祠圣母殿

因为经常有"真龙天子"出现，于是，赵光义借口"参商不两立"，将晋阳城火焚水灌夷为废墟。

■ 亭台水池

公元979年，宋太宗赵光义统兵灭北汉后，为了"积功德"，以保大宋江山万代相传，他在晋祠大兴土木，使晋祠规模空前、焕然一新。

此次扩建晋祠，历时5年，宋太宗不仅翻修扩建了唐叔虞祠，还仿照唐太宗李世民的做法，命户部侍郎赵昌言撰文，北宋书法家张仁庆手书，立了一通"新修晋祠碑铭并序"。

碑文形容重建后的晋祠建筑群：

> 正殿中启，长廊周饰，连甍盖日，飞栋横空。继乃万星攒，千楹藻耀。

"新修晋祠碑铭并序"的这通御碑，也被称作

宋太祖（927年—976年）名赵匡胤，别名香孩儿、赵九重。军事家，政治家。他结束五代十国战乱局面，建立宋朝。他在位16年，加强了中央集权，提倡以文治国，以武安邦，开创了我国的文治盛世。他是一位英明仁慈的皇帝，是推动我国历史发展的杰出人物。

宋太宗 （939年—997年）赵炅，本名赵匡义，后因避其兄宋太祖讳改名为赵光义，即位后改名炅。宋太祖驾崩后，38岁的赵光义登基为帝，在位共21年。即位后，鼓励垦荒，发展农业生产，扩大科举取士规模，确立文官政治。这些措施为宋朝的稳定做出了重要贡献。

■ 晋祠圣母殿外景

"太平兴国碑"，与唐太宗李世民之前的御碑"晋祠之铭并序"一起安置于唐碑亭中。

但因当年宋太宗赵光义历尽周折攻下晋阳后，彻底毁灭了古城，令无数百姓流离失所，深为太原民众怨恨，于是就把愤怒发泄在了宋太宗赵光义在晋祠所立的这块"太平兴国碑"上。

这样一来，"太平兴国碑"在游人的长期刀刻石磨之下，碑文渐渐消失殆尽，最终变成一通无字碑。

宋太宗赵光义以后，宋朝还多次对晋祠进行了重修和扩建。在北宋天圣年间，宋仁宗赵帧下诏追封西周时晋国开国国君唐叔虞为"汾东王"，修建圣母殿以加祀周武王之妃、唐叔虞之母邑姜。

不过，刚建成时圣母殿叫"女郎祠"，在宋神宗赵顼1077年为邑姜加号"昭济圣母"后始称圣母殿。兴建圣母殿的同时，也修复了鱼沼飞梁等建筑。

圣母殿位于晋祠内中轴线西端，独冠中居，为晋

祠最古老的大型建筑，也是驰誉中外的国宝建筑之一。

它坐西向东，背靠悬瓮山，前俯鱼沼飞梁，左有难老泉，右有善利泉，前面依次是鱼沼飞梁、献殿、对越坊等。大殿庄严古朴，气势宏伟，蔚为壮观。

它的建筑形制、规格和构造方法，是我国宋代建筑的典型范例，保存了宋代"柱升起""柱侧脚""减柱法"三大建筑手法。后来历代都重新进行过修葺。

圣母殿殿顶为重檐歇山式，总高19米，殿堂面阔7间30.17米，进深6间25.15米，平面近似正方形，四周围廊。最为奇特之处是前廊深2间，廊下异常宽阔，内部竟无一根明柱，只是殿身四周设以廊柱与檐柱各一围承托殿顶屋架，这是我国宋代环廊建筑减柱营造法的最古实例。

殿内共减少16根柱子，从而使前廊和内殿十分宽敞，为设置神龛和塑像创造了足够的空间。而且，四周的柱子皆微微内倾，制成"侧角"，四根角柱又明显升高，适成"生起"，这样既增强了建筑的稳固性，又使前檐四角翘起，显出曲线之美。

如此设置殿柱反映出宋代木构建筑的高超技巧。

宋仁宗（1010年—1063年）名赵祯，初名受益，宋真宗的第六子，我国北宋第四位皇帝，是宋朝帝王中的明君圣主，在位时间42年。他统治时期，发行了世界上最早的纸币——"交子"，国家安定太平，经济繁荣，科学技术和文化得到了很大的发展。

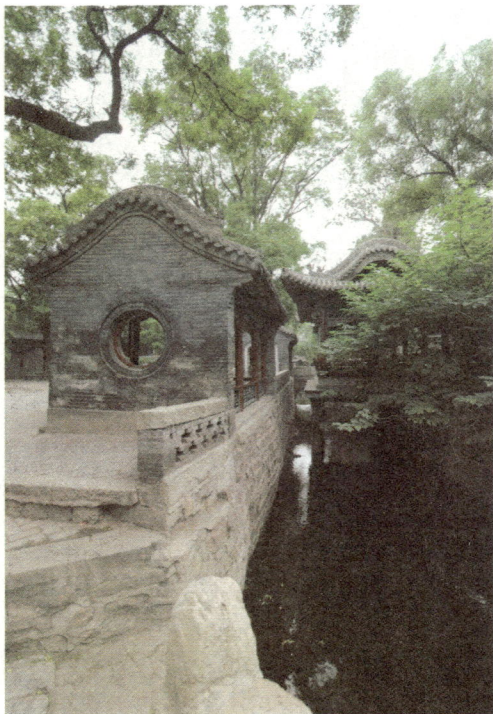
■ 晋祠石桥及建筑

柱上一周用斗拱承托着深远翼出的屋檐，斗拱形制复杂多样，交相生辉。

殿前檐柱上有8条雕龙，是我国木构建筑中最古的木质雕龙。其中，6条木质雕龙雕制于1087年，2条木质雕龙增雕于1102年。

这8条雕龙中，正中两廊柱上的2条展翅欲飞的叫作应龙，其旁依次两柱上的为蟠龙，再依次两柱上无鳞龙为蛟龙，最边两柱上无角的谓之螭龙。8条盘龙鳞片层层，须髯根根，各抱定一根大柱，一派生机。

前檐廊下的南北两侧，站立着两尊身材高大、体型健壮的将军塑像，身高约4米。身穿铠甲，手握兵器，姿态英武，面部蕴含着一种威武不屈的力量。

相传他们是为了捍卫两周王室安全的卫士方弼、方相，忠于职守的两尊武士塑像眼神高度警惕，神情专注，他们时刻警卫着圣母邑姜的安全。

在圣母殿前廊有一楹联：

悬瓮山高，碧玉一湾分晋水；
剪桐泽远，慈云千古荫唐村。

撰此联者是嘉庆进士祁隽藻，他工诗词，善书

方弼、方相 是俩兄弟，商朝殷纣王的两位镇殿将军。后因纣王荒淫无道，兄弟二人反出朝歌，为周王朝建立做出巨大贡献，后世人们把二人尊为"显道神""开路神""门神"，也是我国最早以真人真名而命题所画的最早的门神。

法，卓然成家。这副楹联是对晋祠山水和历史的概括描写，上联指出高耸的悬瓮山下一股晋水分流而去，下联概括剪桐封唐泽及民生的历史渊源。

殿身拱眼饰有壁画，上檐南山面5块原有的拱眼壁画图案满绘旋纹、卷草、吉祥花卉，是十分珍贵的宋代高等级彩画。大殿顶部四周绿色琉璃剪边，脊饰为明代修葺时添配，鸱吻和脊刹都很精美，使整个殿宇显得格外典雅端庄。

圣母殿是晋祠楹联匾额最为集中的地方，款款都是立意鲜明而深长、书写和雕刻手法极为精练的上乘佳作。在圣母殿的前廊上面悬挂着一块上书"显灵昭济圣母"6个大字的巨匾，这是宋代原物。

除此之外，里面还悬挂着许多清代的匾额，如同治皇帝书写的"惠洽桐封"和"惠普桐封"，光绪皇帝书写的"惠流三晋"，慈禧太后书写的"三晋遗封"以及清代山西巡抚曾国荃书写的"恩同万祀"等。

其中，最为引人注目的当数"永锡难老"一匾。此匾为光绪十五年祁县富商渠本翘所书，原本是弧形贴金大阴字，由于技艺高超，阳光反射映入人们视觉的却是时凸时凹，人称"活字匾"。

圣母殿的两侧悬挂着后来清代乾隆年间的名士杨廷璿写的一副对联：

斗栱 我国建筑特有的一种结构。在立柱和横梁交接处，从柱顶上的一层层探出成弓形的承重结构叫拱，拱与拱之间垫的方形木块叫斗。两者合称斗拱。也作枓拱、枓栱。由斗、栱、翘、昂、升组成。斗拱是中国建筑学会的会徽。

■ 盘龙柱

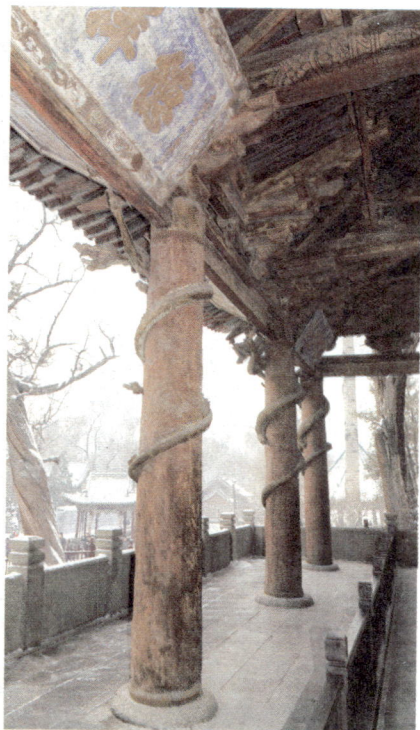

彩塑 就是用黏土加上纤维物、河沙和水，糅合成的胶泥为材质，在木质的骨架上进行形体塑造，阴干后填缝、打磨，然后再着色描绘的作品称彩塑。根据彩塑摆放位置与使用范围分为石窟彩塑、庙宇彩塑、陵墓彩塑和民俗彩塑四类。

　　溉汾西千顷田，三分南七分北，浩浩同流，数十里淯之不浊；

　　出瓮山一片石，冷于夏温于冬，渊渊有本，亿万年与世长清。

　　在圣母殿殿内的43尊彩塑更是晋祠文物中的精华，也是我国古代泥塑艺术的珍品，作品为宋代原物，迄今已有近900年的历史。这43尊彩塑中除2尊为明代彩塑外，其余41尊均为宋代彩塑。

　　主像圣母邑姜凝神端坐在殿内中央高大的宝座上，她头戴凤冠，身穿蟒袍，霞帔珠璎，一双似睁非睁的眼睛在斜长的双眉下闪烁着威严的光芒，微微下垂的嘴角和镇定难测的神态显示出一派至高无上、不苟言笑的贵夫人神态。塑像造型端秀，线条分明，神色庄重。

　　其余42尊宫女宦官有序分立于邑姜左右两旁。其中有宦官5尊，女官4尊，侍女33尊，各依其职，各司其事，各具神态。

　　雕塑主人公虽然是西周人物，实际却是赵宋王朝宫廷制度与宫闱生活的真实写照。圣母殿里的这群活灵活现、栩栩如生的侍女像，与晋祠内的齐年柏和难老泉，一起被誉为"晋祠三绝"。

■ 晋祠智伯渠

这组塑像在遵从主题的前提下，非常注重人体各部分制作的得体和谐与人物面部表情的刻画，借以表现人物的不同年龄、职务、经历、性格、表情、神态和情绪等，极力追求最佳的传神艺术效果。

在这组雕塑中，圣母邑姜的端庄威严和侍女宦官的抑郁惆怅形成了鲜明的对比。

环列圣母邑姜周围的塑像，身材高度与真人相近，衣冠服饰大体承袭晚唐五代迄宋初的式样。

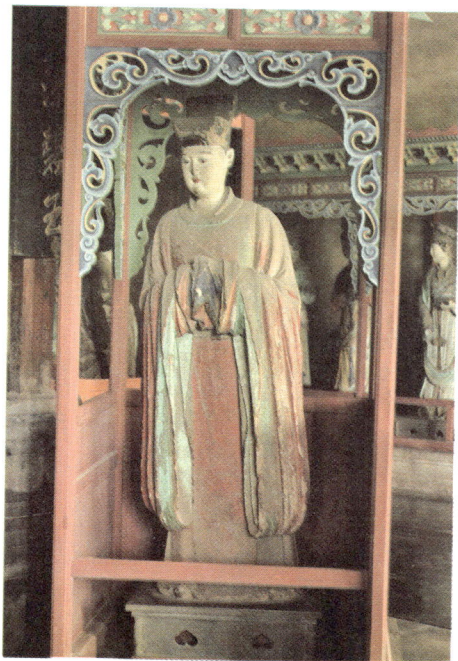

■ 晋祠人物塑像

头戴朴头的宦官，恭谦谨微；身着男服的女官，满目深沉；头戴元宝冠、莲花冠或把头发梳成高髻、条形髻、朝天髻、双仰髻、双环髻等发饰的宫娥侍女，以其年龄之长幼差别，各具不同神态，或天真，或熟虑，或喜悦，或悲哀，或愤怒，或忧伤，无不眉目传神，呈现出耐人寻思的神态。

圣母两旁的4位少女塑像，是圣母的贴身丫鬟。而前面的两位负责传令的宦官，身姿微微倾向圣母，双目侧斜视，生怕听漏了一字半音。

圣母北侧面北的5尊歌舞伎侍女，自东而西分别扮演生、旦、净、末、丑诸种角色。其中最出色的那位头扎红饰唱花旦的宫女，不仅眉清目秀，身段苗条，而且含羞带笑，一副满足的神情，大概是刚刚唱罢，受到了圣母的夸赞。

宫女 也称宫人，通常指被封建王朝征选在宫中供君主及其家庭役使的女子，较为高级的宫女称"女官"。早期的宫女，大多来源于女奴隶、女俘及罪犯的妻子等。此后，历代规定宫女通过"选美""采女"从民间的良家女子中选出。

花旦 是我国传统戏曲角色的行当，为青年或中年女性形象。扮演者为天真烂漫、性格开朗或泼辣放荡的妙龄女子，常常带有喜剧色彩。根据女性的年龄、身份和性格不同，花旦又有"闺门旦""玩笑旦""泼辣旦""刺杀旦"之分。

但其红肿的眼睛和含泪的眼角隐约可见，反映出她内心的苦楚，很显然是强压心中的辛酸在圣母面前尽可能表现得欢快些。

北侧面东的5尊年龄较长的侍女，显然丰华年岁已过，失去了圣母的宠爱，显得失落而哀怨。北侧面南的这8尊管事侍女，尤其是其中身高体胖手执碎银的中年侍女头，面露傲气，财大气粗。而旁边深得圣母宠爱的年幼侍女，则是一副趾高气扬、目中无人的刁钻样。

圣母南侧面南的5尊是圣母的文笔侍女，东数第二位手里拿的是圣母的印玺。面东的5尊是圣母的起居侍女，负责为圣母梳妆打扮；北起第二位是替圣母化妆的，手里拿着胭脂盒。

面北的8尊是打扫卫生和饮食服务的，东起第二位宦官，肩披毛巾，若有所思，显然是圣母的厨役，

■ 晋祠圣母殿内的圣母像

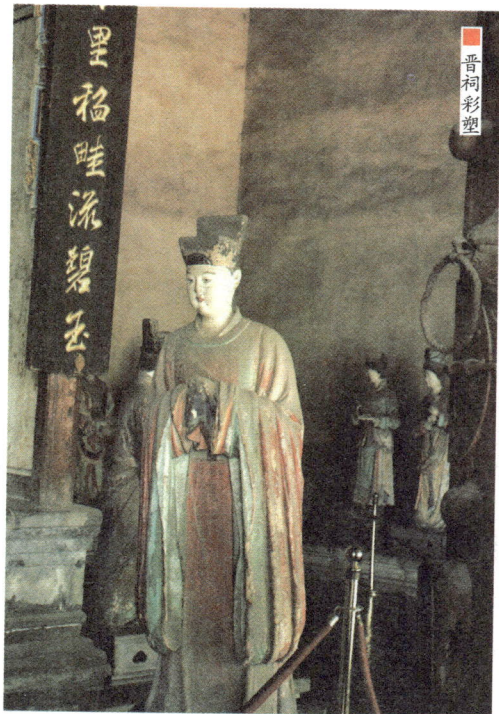

似乎正在为下一顿饭如何能够博得主人的赏识而犯难。

旁边身材最为消瘦的侍女年事稍高，但她笔挺的腰板、纤细的身姿，使人联想她年轻时，一定擅长优美的舞姿。

鱼沼飞梁位居圣母殿与后来的献殿之间，是我国仅存的"十"字形桥梁的孤例，被誉为"世界上最古老的立交桥"。

古人把方形的水塘称作沼，沼中多鱼，故命名"鱼沼"。沼东西宽15.5米，南北长18.8米。

鱼沼是晋水的第二个源头，早年流量很大，仅次于难老泉，其后水流量日益下降。古人有"飞梁石磴，凌跨水道""架虚为桥，若飞也"之说，因鱼沼之上"十"字桥形如鸟之两翼，翩翩欲飞，故称之为"飞梁"，与"鱼沼"合称"鱼沼飞梁"。

后来的飞梁除鱼沼中耸立的34根石柱和柱础尚遗存北朝的风格外，整个桥梁均为宋初遗物，与圣母殿同期重建于1023年。

飞梁为石质建筑，整个桥面由34根每边长30余厘米的八角石柱支撑，柱上方置斗拱承托梁枋，四面合成"十"字形板桥，桥面东西走向呈水平面，南北两翼呈坡状，形如巨鸟的两翅。东西长19.6米，宽5米，高出地面1.3米；南北长19.5米，宽3.3米，下斜连接到沼岸。

南北桥面的东西两侧原有宋雕巨狮各一对，作嬉戏状。桥东月台上，铸有铁狮一对，神态勇猛，造型生动，更显飞梁之庄重，是我国较早的铁铸狮子。

晋祠的铁狮

古往今来，世上桥梁多为"一"字形，唯有此桥连通沼岸，四面结成"十"字形，真可谓绝无仅有，独出心裁。

古代建筑师充分利用地形，在做好水面文章的同时，将鱼沼上的这座桥变成了圣母殿的月台、平台、殿前广场，起到了别的建筑无可替代的作用。此桥凌驾鱼沼之上，展翅欲飞。

暖热季节，池内游鱼成群，荷花含苞，圣母殿前8条盘龙倒映沼中，微风吹过，蜿蜒欲活，构成了一幅美丽的画卷。桥上置汉白玉栏杆、望柱，人行桥上随顾左右，如泛舟水面，再加上鱼跃清波，荷红映日，令人乐而忘返。

阅读链接

传说，晋祠的"鱼沼飞梁"是我国木工匠开山鼻祖、春秋战国时的鲁班所建。

据说，鲁班有一个妹妹，心灵手巧，尤其好胜。有一天晚上，她相约与鲁班比试，做啥自选，次日鸡叫时见输赢。

比赛开始后，妹妹飞针走线，很快就做好了鞋帮、鞋底。而鲁班却不慌不忙地，用泥和小木棒在地上比比画画。

一会儿，鸡叫，妹妹的鞋还没做好，却见鲁班将一个模型往空中一扔，一座"十"字桥便不偏不倚地架在了晋祠圣母殿前的鱼沼之上，这便是"鱼沼飞梁"。

明代初增建晋溪书院等建筑

　　明朝时期，晋祠又经历了多次重修与扩建。1371年，"惠远祠"复称"晋祠"。

　　明朝弘治年间，晋祠在西北部创建了瑞云阁，也称为红阁，因其是供奉传说中八仙之一吕洞宾的楼阁，所以又叫"仙翁阁"。

晋祠仙翁阁

■ 晋祠木雕彩绘 彩绘在我国自古有之，被称为丹青。常用于我国传统建筑上绘制的装饰画。古代建筑上的彩绘主要绘于梁和枋、柱头、窗棂、门扇、雀替、斗拱、墙壁、天花、角梁、椽子、栏杆等建筑木构件上。以梁枋部位为主。成语"雕梁画栋"即由此而来。

八仙 指民间广为流传的道教八位神仙。八仙之名，明代以前众说不一。后来，明代小说家吴元泰《八仙出处东游记》始定八仙为铁拐李、汉钟离、张果老、蓝采和、何仙姑、吕洞宾、韩湘子和曹国舅。

此阁后来在1705年时重修过一次，其建筑规模基本维持了创建初始的状态。

仙翁阁坐东朝西，阁建于砖券洞之上，为两层木结构，歇山顶式。底座为砖砌券洞，东西串通，高4.4米，宽3.6米。阁上四周围廊，有勾栏可依。东面墙上砌有一神龛，西面入口有一四柱檐廊。

仙翁阁正面依墙建有木梯一架，南北两侧砖墙均券有圆形窗洞一个。在二层上，四周窗栏围绕。仙翁阁下南北两侧各有平台一个，四面围墙各开有一扇小门，里面置有石桌、石凳。外围水渠环绕，流水潺潺，松风水月，实有雅趣。

在明朝初期，我国历史上曾率军抵抗北方瓦剌入侵、取得北京保卫战全胜的忠肃公于谦，和晋祠也有很大的渊源。

于谦在山西为官期间，常游历晋祠，曾留下不少脍炙人口的诗篇，大多是借景抒情，反映人民疾苦，为民呼吁。

1440年，山西大旱，于谦亲临晋祠祈雨，并作祈雨诗一首，名为《忆晋祠风景且以致望雨之意》。或许，于谦让上天感动了，果然甘霖普降。诗道：

北京保卫战 又称"京师保卫战"。1449年，明朝军队在兵部尚书于谦领导下，将蒙古瓦剌首领也先所率攻打北京的大军击退的战争。于谦和主战派官员领导和组织的京师保卫战，取得了胜利。粉碎了瓦剌军企图夺取北京的野心，明王朝转危为安。

悬瓮山前景趣幽，邑人云是小瀛洲。
群峰环耸青螺髻，合涧中分碧玉流。
出洞神龙和雾起，凌波仙女弄珠游。
愿将一掬灵祠水，散作甘霖遍九州。

和宋代文学家范仲淹笔下写晋祠的情怀一样，于谦表达的也是济世，"散作甘霖遍九州"之句，清楚地表达了他博大的济世情怀。"出洞"一句喻晋水流出后，和雾气一起奔腾。后句说：步履轻盈的仙女，拨弄着草上的露珠游玩。

而于谦游晋祠悬瓮山所作的另一首诗《咏煤

■ 晋祠古建筑上的雕刻及绘画

吏部尚书 我国古代官名，六部中吏部的最高级长官，相当于今日人事部长，雅称大冢宰。掌管全国官吏的任免、考课、升降、调动、封勋等事务，是吏部的最高长官，为中央六部尚书之首。唐宋是正三品，明代是正二品，清代为从一品。通常称为天官、冢宰、太宰。

■ 晋祠的清泉

炭》，更反映了诗人的心志：

凿开混沌得乌金， 藏蓄阳和意最深。
爝火燃回春浩浩， 洪炉照破夜沉沉。
鼎彝元赖生成力， 铁石犹存死后心。
但愿苍生俱饱暖， 不辞辛苦出山林。

于谦是永乐年间进士，他33岁便巡抚河南山西，在他"手帕蘑菇与线香，清风两袖朝天去"进京任兵部尚书之前做了这两个省共19年的父母官。于谦以其忠勇和晋祠诗篇被后人列为"晋水七贤"之一。

在明朝中期，山西太原人王琼，号晋溪，别署双溪老人，他1484年登进士，后来成为明朝著名的军事人物。王琼历事成化、弘治、正德和嘉靖4个皇帝，由工部主事六品之官，直做到户部、兵部和吏部

尚书一品大员。

特别是在正德年间，王琼因在执掌兵部的5年中，有特殊功勋而连进"三孤""三辅"。"三孤"就是"少保""少傅""少师"。"三辅"就是"太子太保""太子太傅""太子太师"。5年之中，受如此"加官恩典"，在明朝历史上极其罕见。

■ 晋祠一景

王琼一生做了三件被人称赞的大事：治理运河3年，"敏练著称"；平定宸濠叛乱，"任人唯贤"；总制西北边防，"功在边陲"。

因此，历史上称王琼和明朝的于谦以及明代最伟大的政治家、改革家张居正为"明代三重臣"。王琼被后人列为"晋水七贤"之一，塑像供奉于文昌阁。

王琼入仕早期曾在山西治理运河3年，他不仅使运河的漕运得到恢复和发展，同时也起到了促进当时南北经济生产发展的作用。

相传，后来王琼祠前的两棵银杏就是他在山西为官时所植，一雄一雌，左右两棵银杏，被称为连理银杏。原取银杏树下可成才之意，这两棵银杏树叶碎如槐，树皮多裂，枝繁叶茂，生长良好，已有500多年树龄。左侧一棵为雌银杏，开绿色花，并结果；右侧一棵为雄银杏，开黄色花，不结果。

漕运 是我国封建历史上一项重要的经济制度，主要指利用河道和海道调运公粮的一种专业运输。我国古代历代封建王朝将征自田赋的部分粮食经水路解往京师或其他指定地点的运输方式。水路不通处辅以陆运，多用山路或人畜驮运，故合称"转漕"或"漕辇"。

■ 晋祠的石狮

威仪的祭祠

王守仁 明代著名的思想家、教育家、文学家、书法家、哲学家和军事家，官至南京兵部尚书、南京都察院左都御史，因平定宸濠之乱等军功而被封为新建伯，隆庆年间追封侯爵。非但精通儒、释、道三教，而且能够统军征战，是我国历史上罕见的全能大儒和心学大成者。

1519年，明皇室宁王朱宸濠发动了妄图篡夺皇位的宸濠之乱。

平定这次叛乱，对当时国家的统一，保持社会安定和生产的发展，都具有进步的作用。

王琼与明代最著名的思想家、哲学家和军事家王守仁当时既无私人关系，从未有过面交，且又属不同学派，而王琼能以贤能和正直为用人的原则任用王守仁。因此，几百年来，王琼都受到了世人的赞扬。

1522年，王琼在兵部尚书任上被贬谪时，他已63岁，朝廷也曾有意让他"还籍为民"。于是，他嘱咐儿子在家乡晋祠庙垣南买地构筑别墅，作为颐养之所。

1526年，别墅落成，王琼以他的号"晋溪"命名为"晋溪园"。晋溪园正好在晋祠庙垣南，由难老泉分出的鸿雁南河、鸳鸯中河和陆堡河从北、西、南三面绕园而流。

晋溪园园门东向，隔一条田间小道是一大片荷花塘，园内正厅"溪翁堂"是主厅，当年王琼同年好友吏部尚书乔宇来到晋祠后，曾为主厅题书"溪翁堂"匾额。

整个园子依山环水，秀润幽雅。明南京吏部尚书刘龙在赠王琼的诗中有"门前鸥鹭寻常客，镜里菱荷次第花"之佳句。

1528年，西北边事紧急，70岁的王琼被朝廷重新起用，以兵部尚书兼都察院右都御史提督陕西军务，总制三边。

年已古稀的王琼率大军穿越西北走廊，进驻嘉峪关，为安定边防驰骋于西北疆场整整4年，西北"边境益靖"。

同时，王琼总结了历代边境宁边的得失，并收集了所有条例、奏疏和图舆，编著了《西番事迹》和《北边事迹》各一卷。

1531年，王琼回京再任吏部尚书。1532年，74岁的王琼病逝于京城任所。明世宗朱厚熜追赠他"太师"，谥"恭襄"。其长子王朝立扶灵柩回籍，葬于蒙山脚下，就是后来的太原晋溪王家坟，礼部尚书霍韬撰神道碑。王琼逝世后，他的长子王朝立遵父遗命改晋溪园为"晋溪书院"。

明世宗 名朱厚熜，明朝皇帝，在位45年。他早期整顿朝纲、减轻赋役，对外抗击倭寇，后史誉之谓"中兴时期"。但后期崇信道教，并痴迷于炼丹，致使后来发生了企图谋杀他的"壬寅宫变"。此后他就不再理政了。

■ 晋祠晋溪园正厅后面的照壁

■ 晋祠的池塘

阎若璩 清初著名学者，汉学或考据学发轫之初最重要的代表人物之一。他不仅精通经史，而且"于地理尤精审，凡山川、形势、州郡沿革，了若指掌"。他著《四书阎若璩释地》《四书释地续》《四书释地又续》《四书释地余论》诸书，被后人称为历史地理学中的佳作。

晋溪书院院内有讲堂及诸生攻读住宿的斋舍，并设有斋长，管理斋务，考核诸生勤惰。书院延聘甚有名望的学者教学。讲堂悬有《白鹿洞书院教条》和《程董二先生学则》两匾。

当时来书院攻读的学子为数甚众，至清代更盛。学员除王氏家族子弟外，还有本县及邻县士子。由于书院的院舍宽敞，设备完善，明、清时太原县知县课试本县士子，曾借用书院房舍为考场。

晋溪书院从1532年起兴办，办学将近300年。直至1826年，太原知县在县城修建了官办"晋溪书院"并"醵金为师生膏火资"，晋溪书院才开始衰落。

当时，在晋溪书院内还建有太原王氏祠堂，由"子乔祠"和"太原堂"两部分组成，配以南北厢房数十间。太原王氏的祖祠子乔祠，是晋溪书院的主体建筑。

晋溪书院占地面积2100多平方米，建筑面积1027平方米。其中，"子乔祠"建筑面积200多平方米，"太原堂"建筑面积120平方米。

太原王氏祠堂全部建筑古朴典雅，景致清雅，与晋祠古老的建筑群浑然一体。殿宇厅廊飞檐斗拱，雕梁画栋，金碧辉煌。院内配有海内外王氏捐赠、由国内外名家书写的名匾16块、名联7副。

1533年，明世宗朱厚熜下诏在晋溪书院西侧、难老泉南建专祠"王琼祠"奉祀王琼。

"王琼祠"坐西朝东，面阔3间。殿堂周围绿树苍翠，阶下银杏两棵，左雄右雌，浓荫宏深。檐额"山高水长"。殿内神龛供奉王琼塑像，两侧有6尊侍者彩塑。

留山园在晋祠西南角，南邻十方奉圣禅寺，西接花房，北傍留山湖，东通浮屠院。规模虽然不大，但小巧精致，别有情趣。

园四周筑墙，开有各种图案的漏窗。园内叠黄石假山，松柏榆槐及各种花草点缀其间，筑有紫藤长廊。西南隅假山之上建有"伴云亭"，平面云形，四角攒尖顶，亭上梁柱不施砍伐雕琢，也不施彩画，自然古朴而具野趣。

留山园对面西北隅另外建有一座亭子叫"留山亭"，朱柱重彩，平面六角形，圆形攒尖顶。两亭之间，筑一小池，清水一泓，池中筑有假山且设喷泉，睡莲植其中。

每逢春夏，园中杂花盛

晋祠的走廊

■ 晋祠文昌宫

开，蜂蝶往来其间；树木荫茂，众鸟相鸣其上。

留山园内宝塔铃铎，叮咚悦耳，寺中钟声，声声悠扬，置身其间，恍如仙境。秋可赏莲，冬可观雪。正门影壁上有大型砖刻，刻有清代书法家杨二酉撰书的《柏月山房记》共166个大字，字为行书，圆润俊逸，堪称佳品，为"晋祠三大名刻"之一。

1533年，在圣母殿的南侧修建了台骀庙，此庙为汾神之庙，也叫"汾水川祠"。据说，台骀是古时金天氏的后裔，继承父业治水有功，成绩卓著，得到颛顼的嘉奖。后人思其"宣汾、洮，障大泽，以处大原"之功，尊其为汾神，并建庙奉祀。

台骀庙坐西向东，面宽3间，进深4间，前廊深1.25米，悬山顶，素瓦，雕花绿琉璃脊。

从晋祠的总体布局来看，为圣母殿的右配殿。殿内塑台骀神像，气象肃然，为明代木刻。左面为土地

颛顼（前2514年—前2437年）我国历史传说人物中的五帝之一。相传，颛顼是黄帝的孙子，15岁时就辅佐少昊，治理九黎地区，封于高阳，就是后来的河北高阳，故称其为高阳氏。黄帝死后，因颛顼有圣德，他20岁时即被立为帝。

神像，右面为五道神像。庙前有明堂，周设短栏。

1548年，晋祠创建了伴桐亭，又名读书台，位于半山间，坐西向东，南连吕祖阁，北接三台阁。亭内壁间有诗词刻石。站在亭前，风景历历，令人流连忘返。之后，嘉靖年间知县龚仲敏又在晋祠兴建了一座流碧榭。

流碧榭位于览胜坊的东面，横跨智伯渠上，因其形若舒翼而飞的白鹤，所以又名"白鹤亭"，也称"水亭""水兰亭"。在晋祠的白鹤亭有一楹联：

一沟瓜蔓水；
十里稻花风。

此联集清代诗人吴雯的诗句而成，将晋水与稻区灌溉水系比作一条瓜蔓，分布均匀，天然生成，寓意深长。当然，晋祠的著名楹联还有很多，这些楹联与景观相映生辉，使人流连忘返。

阅读链接

在晋祠建筑中有个留山园。关于"留山"之名的来历，有一个广为人知的传说。

相传，在明朝嘉靖、万历和清朝康熙年间，悬瓮山曾向晋祠庙前移动数步。

有一天，乡民又看见山正在向前移动，便赶紧禀报了县令。县令得报，便赶紧带了猪、羊等祭品前往祷祀，山才终于停止了移动。

县令便在巨石之上题下了"留山"两字，并在此址筑亭，起名"留山亭"。

后来，明末清初的著名思想家傅山曾在留山亭檐额题"留山"和"山可留乎？不留则溜，谓之留山，其然其不然。"

清朝时晋祠格局日臻完善

清朝时期，经过多次整修扩建，晋祠构成了左右捭阖于中轴线的综合性古建筑群。在祠庙范围内恢复修建了胜瀛楼、待凤轩、公输子祠、傅山纪念馆、三圣祠、舍利生生塔、贞观宝翰亭、文昌宫、钧天乐台、昊天神祠、松水亭和三台阁等建筑。

晋祠望月楼

■ 晋祠留云楼

胜瀛楼北邻智伯渠、白鹤亭；南邻同乐亭，就是后来的傅山纪念馆；西与水母楼遥对；东北侧为水镜台，为明末清初建筑，原为达官显贵登楼观景而筑。

胜瀛楼为东西向，高17米，重檐歇山顶，底层面宽3间，进深3间，前后设门，东额"大观在上"，西额"在山水间"。

胜瀛楼内设木阶可以登临上层。围以低矮木栅栏，便于观景。上层四面皆空，楼东面悬挂"胜瀛"匾额，西面悬挂"栖云"匾额。此楼命名"胜瀛楼"，意为此楼胜过瀛洲仙境。

据说，胜瀛楼竣工时，恰巧为夏至这天，胜瀛楼的四面均能受到阳光照射，因此"胜瀛四照"便成为"晋祠八景"之一。

1718年，待凤轩在晋祠的财神洞北建成，坐北向南，宽10米，进深8.5米，占地面积85平方米。

公输子祠位于台骀庙和水母楼之间，坐西向东，

瀛洲 传说中神仙居住的仙山，与蓬莱、方丈并称"东海三神山"。《山海经》记载，海上有蓬莱、瀛洲、方丈三座仙山，山上是仙境，有长生不老药。又据《史记·秦始皇本纪》载："齐人徐市等上书，言海中有三神山，名曰蓬莱、方丈、瀛洲"。

占地面积约92平方米。公输子祠俗称"鲁班庙"，为奉祀鲁班而建。公输子祠在1730年增建神龛，1760年重修全祠，并在殿的前檐加悬"巧思入神"匾。

公输子祠庙虽不大，但祠基高耸，沿石阶20余级才能上达于祠。正殿3楹，红墙青瓦，清净而庄严；柱头的雀替镂雕着粗壮的金龙，颇为壮观；两面山墙前墀头上用砖雕刻的花饰也十分精巧。

傅山纪念馆原为同乐亭，又名一鉴居，创建于1737年，在胜瀛楼的西南侧，是一座坐南向北的四合院，其总占地面积553平方米，整个馆址东西宽20米，南北深27米，内有南屋5楹，东西配房各3间，前开屏门，别成院落。

纪念馆是永久性陈列展览与收藏傅山书画精品、文献资料及对外文化交流，举行各种活动的重要场所。在当时，乡里人士岁时宴食多会集于此，上级官员常往来于斯，故俗称"上官亭"。

傅山纪念馆是为了纪念明清之际著名的启蒙思想家傅山而建，他不仅是在文、史、哲、医及书法绘画诸方面均有卓越成就的文化巨人，

■ 晋祠凌云阁

■ 公输子祠

更是清初著名的反清人士，不仅在他生活的时代享有很高的声誉，而且在后世也获得相当高的评价。

三圣祠位于晋祠中轴线南侧，殿堂建在1.5米高的平台上，坐南朝北，面阔3间，前檐有廊。两侧的砖砌花栏矮墙与牌坊门围成一个独立的庭院。殿内塑有三圣即："药王""真君""龙王"。

药王又称"英烈昭惠显灵仁佑王"，在三尊塑像中居主，座前奉十大名医柱，为岐伯、雷公、淳于意、皇甫士安、韦慈藏、华佗、张仲景、王叔和、葛洪、孙思邈。旧时人们有病，常去药王像前烧香跪拜，祈祷病人早日康复。

药王的左边是真君，又叫仓公，传为山东临淄人，曾任仓长，为保护仓储之神。仓公座前塑仓鼠。

药王的右边塑的是黑龙王，为古代四灵之一，被认为具有降雨行云的神性。1110年，宋徽宗赵佶敕封

宋徽宗（1082年—1135年）本名赵佶，宋朝第八位皇帝。他在位25年，亡国后被俘并受折磨而死。他自创了一种书法字体被后人称为"瘦金书"。另外，他在书画上的落款是一个类似拉长了的"天"字，据说象征"天下一人"。

晋祠金人台

龙神为王，于是龙王信仰逐渐遍及各地。

在清乾隆年间，舍利生生塔已毁塌过半，1748年在晋祠南堡杨廷璇的提倡下，又进行了一次重建。在当时，除舍利生生塔外，浮屠院占地面积1692平方米，建筑面积538平方米。舍利生生塔耸立院中央，仍然保留了它早期的规制。

舍利生生塔正厅5间，两边设耳房2间，东西厢房各3间。院西南开有月洞门，通柏月山房；院南辟"通幽"小门一座，与奉圣寺后院相连；院东南设垂花门一座。周围绕以透空景窗，使得院内外景色互相呼应。

1770年，贞观宝翰亭改建为3楹，并改为南向，邑令周宽并题加"贞观宝翰"匾额。悬山顶，面宽3间，进深2间，亭高6米，坐落在15米的台基上，占地面积109平方米。

亭内东西各置一巨碑，东面为《晋祠之铭并序》碑，右面为同乡杨瘫镌于1772年按原碑拓片摹钩刻成的复制碑。由于复制工艺高超，这通复制碑与真品如出一辙。

文昌宫位于晋祠庙东北隅，智伯渠北岸，坐北朝南，占地面积793

平方米，1773年扩建。据"晋祠移建文昌阁碑"记：

旧制祠于智伯河南岸，仅一楹。前为道院，旁则小屋数椽而已，无可观。

扩建后的文昌宫有宫门3间，为一门两窗式，雕甍镂，三叠四垂，门两侧辟月窗，造型精美别致。门内廊5楹，中为屏门，东西厢房各3间，东南隅设月门，通五云亭。

正面飞阁两层，上面为文昌阁，明间篆书砖匾"紫垣六府"，祀文昌帝君，左右为魁星和禄神，北壁有杨二酉作诗、杨瘫书写的《晋祠全景诗》。

阁下洞穴，名为七贤祠，祭春秋战国间晋国晋卿智伯的家臣豫让，唐代著名诗人李白和白居易，北宋著名文学家、政治家范仲淹和欧阳修，明代著名政治家、军事家于谦和王琼。

阁左右建平台，台上复顶作游廊式，额为"诗榭"，东、西各四楹。

东西榭壁上有墨书咏晋祠内八景五言诗，均为杨二酉所作、杨瘫书，墨迹清晰，完好无损。

从右翼诗榭顺阶而下，北

玉楼千仞

山西晋祠

■ 晋祠碑刻

飞阁 本又称阁道、复道，即"天桥"。古代宫殿楼阁间的跨通道。秦汉皇宫楼殿间联以阁道通行，因上下有道，故称复道。秦始皇筑阁道由阿房宫通骊山，人行桥上，车行桥下，堪称我国最早的立交桥。

■ 晋祠对越牌坊

威仪的祭祠

移柱法 指连接亭台楼阁的走廊,常见于四合院中。中门东西两侧转弯通向东西厢房的是抄手游廊;东西厢房向北,然后拐弯通向正房的是窝角廊;东西厢房和正房前有檐廊,与抄手廊和窝角廊相连,形成一个"合"字,人们在走廊里不用担心雨天被淋湿。

面浅洞的西壁,嵌有傅山所书《文昌帝君阴骘文》石刻一块,书体为小楷,骨力神韵,堪称佳品。

锁虹桥位于文昌宫南面,横跨在智伯渠上,始建于1773年,石桥北向护栏为砖花墙,与文昌宫连为一体,又称"文昌桥",是通往文昌宫的要道。

钧天乐台位于昊天神祠对面,坐南朝北,是专为祀奉关帝酬神唱戏的戏台。清乾隆年间建造。"钧天"是从《列子·周穆王传》"钧天广乐,帝之所居"中摘取而来的,"钧天广乐"是指天上的音乐。

乐台高1.5米,面宽1.35米,进深10.5米,前台及两旁围以低矮石雕栏板。台上前部为3面开敞的卷棚歇山式建筑,其高7.5米,后部为面宽3间的单檐歇山顶乐楼,高约10米,屋顶用勾连搭形式连接为一体。

平面布局采用移柱法,前檐明间扩大到4.51米,两次间宽仅为1.92米,最大限度地满足了观戏需求。

前台柱头上正侧两面皆施图形的大额枋承重,枋上设斗拱,拱头皆雕成下昂刻三幅云,明间平身科中间一攒雕作华丽的斜拱,柱头科及平身科后尾全部采用镏金做法,出五拽架,直挑金檩下,从台上仰视,给人一种清爽之感。

乐台的背面置以门扇，斗拱华美，前檐明间巨大的雀替镂空层雕，拱眼壁也用矮雕龙凤装饰，使整座乐台显得格外轻巧俏丽，是祠内清代建筑的代表作。

钧天乐台的位置也安排得恰到好处。把一座玲珑剔透的乐台，巧妙地安置在智伯渠畔，碧波荡漾的潺潺泉水，通过形似瓜蔓的渠道由南而来，在此经乐台背面缓缓流过折向东去。

若遇演唱期，水声、歌声、乐舞声交织在一起，别有情趣。如从会仙桥眺望，则钧天乐台临水泊岸，犹如一座水榭高台。

昊天神祠坐北朝南，东连东岳祠，西邻唐叔虞祠，规模宏大，是玉皇阁、三清洞和关帝祠的总称，也是晋祠中最大的道教庙观。

因玉皇大帝全称是"太上开天执符御历含真体道金阙至尊昊天玉皇大帝"而得名"昊天神祠"。昊天

玉皇大帝 全称"太上开天执符御历含真体道金阙至尊昊天玉皇大帝"又称"昊天通明宫玉皇大帝""玄穹高上玉皇大帝"，居住在玉清宫。道教认为玉皇为众神之王，神权最大。玉皇大帝除统领天、地、人三界神灵之外，还管理宇宙万物的兴隆衰败、吉凶祸福。

■ 晋祠内的关帝祠

神祠是在关帝庙旧址上扩建的，因此民间一直称这里为关帝庙。

在1795年重修关帝祠之前，关帝祠、玉皇阁和三清洞原来都是各自独立的。重修后因其基址后移，玉皇阁迁于三清洞上，建阁3间，所以就筑成了前后两进院，前院为关帝祠，后院有三清洞与玉皇阁。

前院关帝祠殿面宽3间，进深2间，顶为悬山式，殿前明间开隔扇门，殿内供关帝坐像，丹凤眼，卧蚕眉，红脸长髯，身着绿袍玉带。

昊天神祠的后院主殿为二层建筑，东西两旁各有配殿3间。中间主殿下层为三清洞，有石洞5间。中间3间内塑三清神像：玉清境洞真教主元始天尊、上清境洞玄教主灵宝天尊和太清境洞神教主道德天尊。

后院主殿上层的玉皇阁建在三清洞顶，面宽3间，单檐歇山顶式砖木结构建筑，殿脊有琉璃瓦覆饰，飞阁前面及左右有廊可绕，内供玉皇大帝。

松水亭位于八角莲池西面，苗裔堂东面，清乾隆末年所建。"松水"之名，取自唐代著名诗人王维的诗句"明月松间照，清泉石上流"之意。

该亭为长方形四角亭，卷棚歇山顶，面宽3间9米，进深2间5米，面积45平方米。前后明间辟门。

在松水亭小憩，十分惬意，特别是夏日的晚上，坐在亭中，可闻水流声，可观水中月，会顿觉远离尘世，烦恼全消，令人陶醉。

阅读链接

明末清初的著名思想家傅山与顾炎武、阎尔梅等都是好友。据说，傅山同顾炎武曾隐居在晋祠的云陶洞中。

在晋祠云陶洞的南壁上，有一块突出的怪石，上面题有"云陶"两字，就是傅山当年所题，晋祠的云陶洞也因此而得名。

史载，傅山在晋祠云陶洞隐居时，经常写诗、作画和写对联。著名的七律《朝阳洞》和七绝《宿云陶》就是在这时完成的。

成都武侯祠

　　成都武侯祠又名"汉昭烈庙"，位于四川省成都市南门武侯祠大街，是纪念我国古代三国时期蜀汉皇帝刘备和丞相诸葛亮，以及其他蜀汉英雄的君臣合祀祠宇。

　　此外，在陕西、河南、重庆和甘肃等地，均建有专门纪念蜀汉丞相诸葛亮的武侯祠，但成都武侯祠是国内最负盛名的一处。

　　成都武侯祠由三国历史遗迹区、西区和锦里民俗区三部分组成，享有"三国圣地"的美誉。

全国唯一的君臣合祀祠庙

东汉末期，天下三分。汉室中山靖王刘胜的后裔刘备，为人谦和、礼贤下士、宽以待人、知人善用，素以仁德为世人称赞。公元221年，他以汉室宗亲的身份在成都称帝，国号"汉"，史称"蜀"或"蜀汉"。

■ 成都武侯祠诸葛亮塑像 诸葛亮（181—234年），字孔明，号卧龙，汉族，琅玡阳都人，三国时期蜀汉丞相、杰出的政治家、军事家、文学家及发明家。在世时被封为武乡侯，死后追谥忠武侯，东晋政权特追封他为武兴王。其代表作有《前出师表》《后出师表》《诫子书》等。他发明了木牛流马、孔灯等，并改造连弩，可一弩十矢俱发。诸葛亮在后世受到极大尊崇，成为后世忠臣楷模、智慧化身。

武侯祠

尧霄武侯闷同

跆對古今情

頻煩天下計

■ 成都武侯祠

　　刘备就是昭烈帝，在丞相诸葛亮的辅佐下，蜀汉迅速进入了鼎盛时期，并占据了荆州和益州，也就是后来的四川、云南大部、贵州全部、陕西汉中和甘肃白龙江一部分地区。在当时，刘备经常征战在外，由丞相诸葛亮全权治国，诸葛亮对蜀汉政权发挥着相当重要的作用。尽管经过大将关羽失荆州、刘备败夷陵后，蜀汉政权元气大伤，但经诸葛亮的治理，很快便恢复了生产，能与魏、吴抗衡。

　　蜀汉后期仍然拥有益州、汉中、南蛮等地，就是后来的四川、云南、贵州北部以及陕西旧汉中府一带等地。

　　刘备去世以后，诸葛亮受托孤遗命辅佐后主刘禅，"事无巨细，咸决于亮"。这一时期政治清明，社会稳定，吏治良好，既有效控制了益州士族势力的过度膨胀，也得到了各方面的有力支持，使蜀汉逐渐

刘禅 （207—271年）蜀汉后主，字公嗣，又字升之，小名阿斗。刘备之子，母亲是昭烈皇后甘氏。三国时期蜀汉第二位皇帝，公元223年至263年在位。公元263年蜀汉为曹魏所灭，刘禅投降曹魏，被封为安乐公，后在洛阳去世。

威仪的祭祠

四川成都武侯祠
刘备殿

强盛了起来。

诸葛亮为匡扶蜀汉政权，呕心沥血，鞠躬尽瘁，死而后已。公元234年，他因积劳成疾，病逝于北伐前线的五丈原，时年54岁。

诸葛亮一生因其博学多才、治国有方、用兵如神和忠君不贰成为后世忠臣的楷模与智慧的化身，因而他在后世受到极大尊崇，不仅后来东晋政权特别追封他为武兴王，各地也纷纷修祠庙纪念他。

由于诸葛亮生前曾被封为"武乡侯"，死后又被蜀汉后主刘禅追谥为"忠武侯"，因此历史上尊称专门纪念诸葛亮的祠庙为"武侯祠"。

成都武侯祠是我国唯一的君臣合祀祠庙，由刘备、诸葛亮蜀汉君臣合祀祠宇及刘备惠陵组成，始建于公元223年，1000多年来几经毁损，屡有变迁。

成都武侯祠初建时，便与汉昭烈帝刘备的昭烈

八阵图 古代传说是由三国时期蜀汉丞相诸葛亮创设的一种作战阵法。相传诸葛亮御敌时以乱石堆成石阵，按遁甲分成生、伤、休、杜、景、死、惊、开八门，变化万端，可挡十万精兵。吸收了井田和道家八卦的排列组合，兼容天文地理，是不可多得的作战阵法。

庙、刘备墓以及惠陵毗连相邻。整个武侯祠坐北朝南，主体建筑有大门、二门、汉昭烈庙、过厅和武侯祠五重建筑，从南到北严格地排列在一条中轴线上。以刘备殿最高，建筑最为雄伟壮丽。

公元223年，刘备病故于白帝城之后，他的灵柩运回成都，由诸葛亮亲选宝地下葬，史称"惠陵"。惠陵中还葬有刘备先后死去的甘、吴二位夫人，为夫妻三人合葬墓。陵墓建筑由照壁、山门、神道和寝殿等建筑组成。

惠陵为夯土垒筑而成圆形。惠陵大门悬挂着"汉昭烈陵"大匾，有环形围墙。墓前有照壁，照壁长10米，高5米，正中镶嵌有菱形石碑，碑刻为"汉昭烈皇帝之陵"，上刻环绕双龙戏珠，与四角石雕蝙蝠相映成趣。

惠陵的前方建有寝殿。寝殿面阔3间，宽11米，

照壁 是我国传统建筑特有的部分。是我国受风水意识影响而产生的一种独具特色的建筑形式，称"影壁"或"屏风墙"，明朝时特别流行。照壁可位于大门内，也可位于大门外，前者称为内照壁，也叫"萧墙"。后者称为外照壁。照壁具有挡风、遮蔽视线的作用。

057

三国圣地

成都武侯祠

■ 汉昭烈皇帝惠陵

歇山式 是常见古建筑屋顶的构造方式之一。一般由前后两个大坡檐，两侧两个小坡檐及两个垂直的等腰三角形墙面组成。歇山建筑屋面峻拔陡峭，四角轻盈翘起，玲珑精巧，气势非凡，它既有庑殿建筑雄浑的气势，又有攒尖建筑的风格。

进深8米，建于高台基上，灰青筒瓦屋顶，建筑简朴庄严。寝殿后为刘备墓。

按照汉制，有陵必有庙，所以在同时期，就有了汉昭烈庙诞生。大约在南北朝时期，成都武侯祠与惠陵、汉昭烈庙合并一处，"昭烈庙"和"武侯祠"建在惠陵的西侧。

刘备殿就叫昭烈庙。昭烈庙气势恢宏，为单檐歇山式建筑。殿正中有刘备贴金塑像，仪容丰满庄重，耳大垂肩。刘备像侧为其子蜀汉后主刘禅像。殿左侧陪祀的是刘备的孙子北地王刘谌像。

在刘备殿两侧偏殿，"义薄云天"东偏殿有蜀汉名将、刘备的结义二弟关羽父子和蜀汉将军周仓的塑像；"诚贯金石"西偏殿有蜀汉名将、刘备结义的三弟张飞与他祖孙三代的塑像，表现了关、张两人的不同外貌和不同性格。

■ 成都武侯祠惠陵

在偏殿两侧东、西廊房分别塑有蜀汉文臣、武将坐像各14尊。东侧文臣廊房以刘备早期的重要谋士庞统为首，西侧武将廊房以刘备属下的名将赵云领衔。每个塑像都如真人大小，像前立有一通小石碑，刊其姓名、生平，个个气宇轩昂，形神兼备。

成都武侯祠"名垂宇宙"匾额

刘备殿后，有一座过厅，诸葛亮殿就在过厅后面，比汉昭烈庙要低，以象征古代君臣关系的异同。

诸葛亮殿挂有"武侯祠"匾额，并悬有"名垂宇宙"的匾额。正殿中供奉着诸葛亮祖孙三代的塑像。殿内正中有诸葛亮头戴纶巾、手执羽扇的贴金塑像。诸葛亮像前的三面铜鼓相传是诸葛亮带兵南征时制作的，人称"诸葛鼓"。鼓上有精致的图案花纹。

阅读链接

相传，蜀汉丞相诸葛亮六出祁山之时，曹魏辅政大臣司马懿在上方谷固守不出，以逸待劳。

诸葛亮派使臣送"女裙"激其出兵，但司马懿不为所动，反而问使臣："你家丞相饭量如何？"

使臣答道："丞相食少事烦，每日饭量不足半斤。"

司马懿听后大笑，告诉使臣："请转告你家丞相，我每顿都吃一只鸡。"

得此消息，司马懿就明白了，他坚信诸葛亮的身体一定熬不了多久了。不久，诸葛亮果真病死在五丈原，蜀军不战自退。从此，蜀国走向衰落。

后世对成都武侯祠极力推崇

成都武侯祠三绝碑碑亭

唐代著名诗人杜甫、李商隐在游览成都武侯祠之后，相继留下了"丞相祠堂何处寻，锦宫城外柏森森"和"蜀相阶前柏，龙蛇捧閟宫"的诗句。这些诗句都表明，唐代时期的武侯祠周围古柏苍郁，气势宏伟。

在武侯祠大门内的浓荫丛中，矗立着6通石碑，两侧分别有唐碑和明碑。其中最大的一通是唐代"蜀汉丞相诸葛武侯祠堂碑"在东侧碑廊内，高3.67米，宽0.95米，厚0.25米，立于公元809年。

碑文由唐代著名宰相裴度撰写，唐代著名书法家柳公绰书写，唐代著名工匠鲁建刻字，其文章、书法、刻技俱精，被后世称为"三绝碑"。

"三绝碑"碑文中有对诸葛亮一生的描述，竭力赞颂了他的高风亮节和文治武功，并以此激励唐代的执政者。碑文特别褒奖了诸葛亮的法治思想，如蜀汉将军马谡失街亭后被诸葛亮挥泪处斩的情形描写等。

宰相裴度据史褒评，令人信服。碑文通篇词句甚切，文笔酣畅，令人百读不厌。此后，"三绝碑"碑阳、碑阴、碑侧几乎遍刻唐、宋、明、清时代的题诗、题名和跋语等。

在宋真宗时期，相传有一天，一位四川地方官去游览武侯祠，当他走到刘备旁边的刘禅塑像时，特别气愤。刘禅昏庸无能，丧权降魏，而他的儿子刘谌还知道在父亲投降后，到刘备墓前哭拜，并选择了与家人一起舍生取义。

于是，这位官员下令将刘禅塑像撤除。此后，刘禅塑像在宋、明两代几次被毁，后来就没有再塑了。

在刘备殿正殿长廊西壁上，镶嵌有我国历史上著名的战略家、军事家、"精忠报国"的宋代名将岳飞所书的《前出师表》《后出师表》石刻。

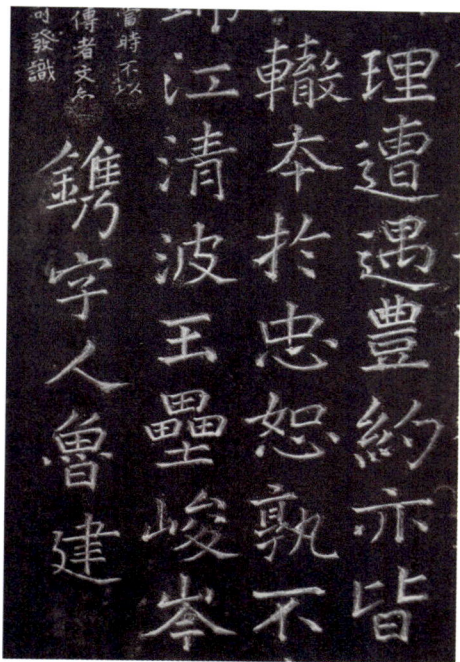

■ 成都武侯祠三绝碑碑文

丞相　也称宰相，是我国古代最高行政长官的通称。古代皇帝的股肱，典领百官，辅佐皇帝治理国政，无所不统。丞相制度，起源于战国。从秦悼武王开始，设左丞相、右丞相，但有时也设相国。汉惠帝刘盈至汉文帝刘恒初年，设左、右丞相，以后就只设有一位丞相。

赑屃 又名霸下，在龙子的各类说法中，赑屃一般都排在九子之首。赑屃形似龟，好负重，长年累月地驮载着石碑。在各地的宫殿、祠堂、陵墓中均可见到其背负石碑的样子。据说触摸它能给人带来福气。赑屃又称为石龟，是长寿和吉祥的象征。

■ 刘备惠陵"千秋凛然"匾额

石碑共37通，每块高0.63米，宽0.58米，刻工精良。其中的"鞠躬尽瘁，死而后已"传诵千古，其忠诚执着的浩然正气简直是气贯长虹。

华荣赞美诸葛亮的功德与裴度的碑文和柳公绰的书法并称"三绝"。"三绝碑"之说从此流传于世。后来四川巡抚张时彻撰文后，又在西侧碑廊内立了一通碑，全称为《诸葛武侯祠堂碑记》文，碑身下赑屃碑座。

成都武侯祠原有殿宇在明末毁于兵火，后来的主体建筑重建于1672年，由惠陵、汉昭烈庙和武侯祠三部分组成，总面积约15万平方米，坐北朝南，排列在一条中轴线上，殿宇高大宽敞，布局严整。

刘备殿与东、西两廊和二门，诸葛亮殿与两侧书房、客室及过厅，各自形成一组严整的四合院，中有花木山石陪衬。

惠陵墓冢四周，围墙环绕，其砖墙为1825年所修，寝殿内高悬清代名士马维骐所书"千秋凛然"4字匾额，其后为阙坊，阙坊正中嵌墓碑。

弧形碑帽上刻有双龙戏珠浮雕，碑身刻"汉昭烈皇帝之陵"7个楷体大字；下款署"大清乾隆五十三年三月上浣重建"。阙坊后即为刘备墓。

在武侯祠二门，有清代名士吴英立手书"明良千古"的牌匾，意思是说：桃园结义，蜀汉王朝君主贤明、臣子忠良、永垂史册。

在刘备殿正殿，有清朝大臣完颜崇实书写的顶书"业绍高光"，这是对刘备最高的赞誉。其对联为：

使君为天下英雄，正统攸归，王气钟楼桑车盖；

巴蜀系汉朝终始，遗民犹在，霸图余古柏祠堂。

■ 武侯祠出师表碑碣 在古代，人们把长方形的刻石叫"碑"。把圆首形的或形在方圆之间，上小下大的刻石叫"碣"。秦始皇刻石纪功，大开树立碑碣的风气。东汉以来，碑碣渐多，有碑颂、碑记，又有墓碑，用以记事颂德，碑的形制也有了一定的格式。后世碑碣名称往往混用。

意思是说：刘备是天下英雄，汉王朝的正统地位，理应归属于他，聚集于他家乡高大桑树顶端的帝王之气，就是证明巴蜀是汉王朝开国和终止的地方，后裔尚在，宏图大业已成为过去，只留下古柏森森的祠堂，供人们拜祭。

祠内塑有蜀汉历史人物像47尊、碑碣53通，还有匾额楹联61件，鼎、炉、钟、鼓10余件，其中以唐代的"三绝碑"石碑最为著名。

1829年，清代举人潘时彬在纂修《昭烈忠侯陵庙志》时又对唐代《蜀汉丞相诸葛武侯祠堂碑》"三绝"提出了新的见解，他将文章、书法、镌刻都出自名家誉为"三绝"。

在诸葛亮殿内外挂有许多名人书写的匾额楹联，多是对诸葛亮的讴歌和追思，如：

勤王事大好儿孙，三世忠贞，史笔犹褒陈庶子；
出师表惊人文字，千秋涕泪，墨痕同溅岳将军。

阅读链接

成都武侯祠，还有这样一副对联，是赞颂诸葛亮在蜀川的功德的："一生惟谨慎，七擒南渡，六出北征，何期五丈崩摧，九伐志能尊教受；十倍荷褒荣，八阵名成，两川福被，所合四方精锐，三分功定属元勋。"

此外还有，"两表酬三顾，一对足千秋。"这副对联仅用了短短的10个字，赞颂了诸葛亮才高睿智、鞠躬尽瘁、死而后已的一生功绩。

所谓"两表"，是指诸葛亮入川后为蜀汉大业所作的前、后两个《出师表》；"一对"是指当年刘备三顾茅庐时所作的《隆中对》，在文中诸葛亮有"三分天下"的精辟分析。

南阳医圣祠

医圣祠位于河南省南阳市城东温凉河畔，是我国名满世界的汉代伟大医学家张仲景的祠墓所在地。医圣祠坐北朝南，后经明清多次扩建，医圣祠气势宏伟，金碧辉煌。

张仲景，名机，河南南阳人，史称"医圣"。约生于150年，卒于公元219年。他不仅以精湛的医术救治了不少病人，而且写了一部创造性的医学巨著《伤寒杂病论》，使我国临床医学和方剂学发展到较为成熟的阶段。

医圣张仲景及其医学成就

东汉末年，张仲景出生在没落的官僚家庭。其父亲张宗汉是个读书人，在朝廷做官。由于家庭的特殊条件，他从小有机会接触到许多典籍。

他笃实好学，博览群书。当他从史书上读到春秋战国时期名医扁鹊望诊齐桓公的故事后，他对扁鹊高超的医术非常钦佩。从此，他特别酷爱医学。

当时由于天下大乱，流离失所者不计其数，加上疫病流行，很多人因此失去了生命。这使张仲景从小就厌恶官场，怜悯百姓，萌发了学医救民的愿望。公元161年，他10岁左右的时候，就拜同郡

南阳医圣祠大门

■ 医圣张仲景塑像

一位极有名望的医生张伯祖为师学习医术。

张伯祖性格沉稳，生活简朴，对医学刻苦钻研。经他治疗过的病人，十有八九都能痊愈，他很受百姓尊重。张仲景学医非常用心，无论是外出诊病、抄方抓药，还是上山采药、回家炮制，从不怕苦怕累。张伯祖非常喜欢这个学生，把自己毕生行医积累的丰富经验，毫无保留地传给了他。

相传，张仲景的父亲对参加科举考试，谋得一官半职很是看重，因而他要张仲景也参加考试。张仲景尽管很不情愿，但也不愿违背父命，落下一个不孝之子的名声。因此，他在汉灵帝时参加了科举考试，并且中了"举"。

在建安年间，张仲景被朝廷派到长沙做太守。但他仍然用自己的医术，为百姓解除病痛。在封建时代，

扁鹊 春秋战国时期名医，擅长妇科、五官科和儿科等科。扁鹊奠定了中医学的切脉诊断方法，开了中医学的先河。由于他医术高超，当时的人们就借用了上古神话的黄帝时神医"扁鹊"的名号来称呼他。相传有名的中医典籍《难经》为扁鹊所著。

■ 张仲景为患者诊脉塑像

汉献帝（181—234），本名刘协，字伯和，又字合，汉灵帝第三子，汉朝最后一位皇帝。公元196年，他被汉臣曹操控制并迁都许昌，"挟天子以令诸侯"。公元220年，曹操病死后，他又被曹丕控制，随后被迫禅让于曹丕。公元234年，刘协病死，享年54岁。

做官的不能随便进入民宅，接近百姓。

于是张仲景想了一个办法，择定每月初一和十五两天，大开衙门，让有病的百姓进来。他端端正正地坐在大堂上，挨个地仔细为群众诊治。

张仲景的举动在当地产生了强烈的震动，老百姓赞不绝口，对张仲景更加拥戴。时间久了便形成了惯例。每逢农历初一和十五的日子，他的衙门前便聚集了来自各方求医看病的群众，甚至有些人带着行李远道而来。

后来，人们就把坐在药铺里给人看病的医生通称为"坐堂医生"，用来纪念张仲景。

虽然张仲景的医术非常高超，但有些病他也不能医治。据史书记载，东汉桓帝时大疫3次，灵帝时大疫5次，汉献帝刘协时期疫病流行更甚。

成千累万的人被病魔吞噬，造成了十室九空的空前劫难。其中尤以东汉灵帝时的5次疾病流行规模最大。

南阳地区当时也接连发生瘟疫大流行，许多人因此丧生，最大的祸首就是伤寒。面对瘟疫的肆虐，张仲景内心十分悲愤。对此，他痛下决心，要控制瘟疫的流行，根治伤寒病。

从此，他"勤求古训"，刻苦研读《素问》《灵枢》《八十一难》《阴阳大论》《胎胪药录》等古代医书，继承《内经》等古典医籍的基本理论。其中，《素问》对他的影响最大。

张仲景根据自己的实践对伤寒理论作了发展。他认为，一切因外感而引起的疾病都叫"伤寒"。

此外，张仲景还"博采众方"，行医游历各地，

《素问》 全称《黄帝内经素问》，是我国最早的中医理论著作，相传为黄帝创作，大约成书于春秋战国时期。该书突出阐发了古代的哲学思想，强调了人体内外统一的整体观念，从而成为中医基本理论的渊源。

■ 医圣祠的庭院

借鉴其他医家的治疗方法，结合个人临床诊断经验，研究治疗伤寒杂病的方法。

他对民间喜用针刺、灸烙、温熨、药摩、坐药、洗浴、润导、浸足、灌耳、吹耳、舌下含药和人工呼吸等多种具体治法都一一加以研究。

公元205年，东汉王朝四分五裂，张仲景官不能做，家也难回。于是他就到岭南隐居，专心研究医学，撰写医书。

经过数十年含辛茹苦的努力，在公元215年，张仲景终于写成了我国最早的理论联系实际的临床诊疗专著《伤寒杂病论》，共16卷。经后人整理成为《伤寒论》和《金匮要略》两本书。

《伤寒杂病论》又称《仲景伤寒论》《伤寒卒病论》，它系统地分析了伤寒的原因、症状、发展阶段

■ 医圣祠的长廊

和处理方法，创造性地确立了对伤寒病的"六经分类"的"辨证论治"原则，奠定了理、法、方、药的理论基础。

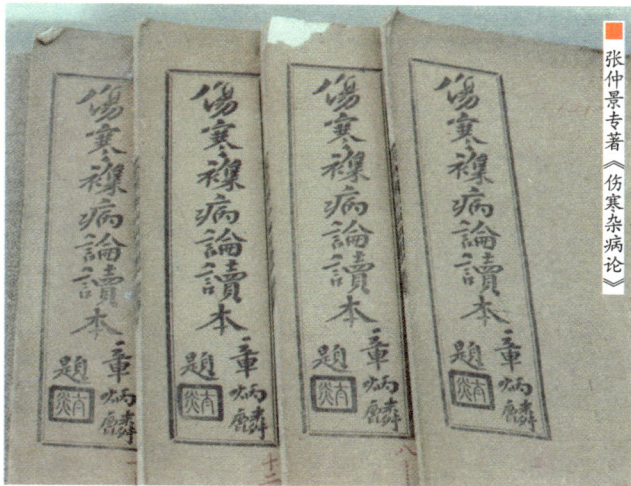

张仲景专著《伤寒杂病论》

相同的症状，不同的治疗方法，不仅仅是表面的症状，还要通过望闻问切四诊多方面的诊断和医生的辨证求因得出症候特点，才能处方。这种透过现象看本质的诊断方法，就是张仲景著名的"辨证论治"观点。

《伤寒杂病论》奠定了张仲景在中医史上的重要地位，他也因对医学的杰出贡献被后人称为"经方大师"和"医圣"，而《伤寒杂病论》则被后世奉为"方书之祖"和"万世宝典"。

阅读链接

相传，有一次，医圣张仲景外出，见几个妇女围着一个躺在地上的人啼哭。他一打听，才知道那人因家里穷得活不下去而上吊自杀了。

张仲景得知那人上吊的时间不长，便赶紧吩咐把那人放在床板上，拉过棉被为他保暖；同时叫了两个身强力壮的年轻人，蹲在那人的旁边，一面给他按摩胸部，一面拿起他双臂，一起一落进行活动。

张仲景则用手掌抵住那人腰部和腹部，随着手臂一松一压，不久，那人就有了微弱的呼吸。大家继续做，那人便清醒过来了。这就是后来在急救中广泛使用的"人工呼吸"。

深为后世崇奉的医圣祠

公元219年，张仲景去世了，遗体被后人运回故乡安葬。后来，为了纪念医圣张仲景，明藩唐王和沈律等一些地方儒医损资，在河南南阳城东温凉河畔的仲景墓处修建了医圣祠。

医圣祠正门

医圣祠的张仲景雕像

医圣祠是一组具有汉代艺术风格的建筑群，后经明清多次扩建，博大雄浑，巍峨壮观。

医圣祠坐北朝南，占地约1.13万平方米，位于中轴线的建筑有大门、照壁、仲景雕像、纪念碑亭、山门、冢墓、过殿、正殿。两侧有双阙，古代医学家塑像群、东碑碣廊、西画像廊、春台亭、秋风阁、仁术馆、仲圣堂、智圆斋、寿膳堂和东西偏殿等。

在医圣祠大门前，有一对高大雄伟的子母阙耸立在大门的左右，门阙既可登高望远，又是权威的象征，阙身下面镶嵌着一对彩绘的朱雀，西南而立，展翅欲飞，象征着方位和吉祥。

大门为仿汉建筑，在朱漆大门的正上方镶嵌着笔法苍劲、雄浑有力的"医圣祠"3个大字，在宏伟壮丽的金黄色琉璃瓦的映衬下，更显庄严肃穆。

门阙 是塔楼状建筑，置于道路两旁作为城市、宫殿、坛庙、关隘、官署、陵墓等入口的标志。外观大体分为阙座、阙身与阙檐三部分。阙身依数量有单出、双出与三出，形体多带有较大收分。阙檐有一、二、三层之别。檐下多以斜撑或斗拱支承，又是重点装饰所在。

■ 医圣祠内建筑

大门上装饰着重约150千克的青铜"辅首衔环"，是世界上最大的辅首衔环，象征着雄伟和威严。辅首是安装在大门上衔门环的一种底座，它是我国传统的大门装饰，又称门辅。

传说辅首是龙的第九个儿子，性好静，警觉性极高，善于严把门户。辅首所衔之环为门环，原来的作用是客人来访敲门之用，后来演变为一种装饰性建筑，象征着威仪。

门庭内是一块巨大的大理石照壁，长宽各3.5米，极为罕见。

照壁的正面刻写的是医圣《张仲景传》，生动地描述了张仲景光辉的一生及其对中医事业做出的伟大贡献。

照壁的背面刻写的是张仲景亲自拟定的《伤寒杂病论》序，文中陈述了他走上医学道路的原因。照壁前后照映，使人在肃穆中油然而生崇敬之情。

照壁之后的前祠是一座古老的四合院建筑，是医圣祠的正殿及东西偏殿，雕梁画栋，崇楼高阁，绿树翠竹，清雅密静。整个布局独具匠心，格调高雅。

张仲景有高尚的医德，美好的心灵和行为，更因高超的医术而被后人称颂；南阳有名山名水名胜，但更因出了张仲景这样的名人，而使南阳更加有名。

正殿有3间，中间矗立着一尊高大的张仲景雕像，睿智刚毅，坚韧恬淡，凝眉深思，表现了他的果敢追求，不慕权力，忧百姓之忧，劳百姓之劳，为民着想的高尚境界。

左右两间分别耸立着传说中的上古时代医家岐伯、战国时期著名医家扁鹊、东汉末年医学家华佗、西晋医学家王叔和、唐代著名医学家孙思邈、明代著名中医药学家李时珍等十大名医的雕像。他们神态各异，栩栩如生，独具风貌，表现了医学家们为中医学发展不辞劳苦、呕心沥血的动人情景。

东西偏殿各有3间，过殿3间。西院有医圣井、荷花池、池心亭等多个建筑。亭台轩榭，玲珑俊秀，绿树有巢，风韵萧然，风光瑰丽。在雕像后面，紧接着的是一座名为"百寿亭"的六角碑亭。

百寿亭内的石刻，从书圣王羲之到郑板桥，集

■ 华佗（？－208年），字元化，一名旉，汉族，沛国谯，即今安徽亳州人，东汉末年著名医学家。华佗与董奉、张仲景并称为"建安三神医"。华佗医术非常全面，尤其擅长外科，精于手术，被后人称为"外科圣手""外科鼻祖"。他还精通内、妇、儿、针灸各科。

威仪的祭祠

历代书法家"寿"字石刻于一壁。最值得一提的是吴昌硕写的"寿"字，此字又"长"又"瘦"，号称"长寿"。

在院内两侧的东西长廊，各长约百米，镶嵌着《张仲景组画》《历代名医评赞》《历代名医画像》等石刻200余块。

东长廊镶嵌的是《张仲景组画》石刻百余幅，以汉代画像石刻的艺术再现了张仲景当年下荆襄、登桐柏、赴京洛、涉三湘，"勤求古训、博采众方"，终成"万世医宗"的辉煌一生。

与张仲景同时代的"神医"华佗，称颂张仲景的《伤寒杂病论》"此真活人书也"；唐代著名医学家"药王"孙思邈称颂张仲景的《伤寒杂病论》"特有神功"。

西长廊为医圣林，镌刻着自上古时期的伏羲以来至明清历代名医117幅石刻画像。画像造型逼真，刻工精细，堪称艺术精品，记载着他们的生平及主要医学成就。这些出类拔萃的医药学家，不但为中华民族的繁衍昌盛做出了贡献，而且在医学史上也占有显著地位。

拜殿正中有帖墙四柱三间五楼式牌楼，每楼檐下置斗拱，起支撑和艺术装饰作用；牌楼两边额枋置有人物八仙图案，玲珑别致，庄重古朴。除仰高堂的重檐歇山式外，其余均为硬山式。

在长廊后面，是一座高大宏伟的朱红色三孔拱形山门。山门东侧建有春台亭，西侧建有秋风阁，为张仲景探讨医术和著书立说之处。

在医圣祠山门后的后祠，是医圣张仲景长眠的墓地。墓前建有汉代风格的拜殿和墓亭前后攀连，各种拜谒祭祀活动均在此进行。拜殿和墓亭结为一体，给人们清雅肃穆之感。仲景墓亭东西两侧建有行方斋、智圆斋、仁术馆和广济馆等。

在张仲景墓前有1639年南阳府丞张三异重修陵墓时所立石碑，高2.7米，上书"东汉长沙太守医圣张仲景之墓"。

孙思邈 唐代著名的医师与道士，是我国乃至世界史上伟大的医学家和药物学家，被后人誉为"药王"，许多华人奉之为"医神"。一生著书80多种，以《千金要方》影响最大。它是唐代以前医药学成就的系统总结，被誉为我国最早的一部临床医学百科全书。

■ 医圣祠拜殿

张仲景墓为正方形大理石墓基，呈俯斗形，汉砖砌成，四角镶嵌有石刻羊头，代表吉祥如意；墓顶的莲花座，象征张仲景"出淤泥而不染"的高尚医德医风。张仲景墓花墙环绕，凉亭盖顶，庄严肃穆。

在医圣祠的大殿内，陈列着《伤寒杂病论》的各种版本及国内外医界同仁捐赠的文献资料。东西偏殿内珍藏着出土的珍贵文物，其中最著名的要数医圣祠的三宝：东汉针灸陶人、东晋墓碑和绝版书籍《伤寒杂病论》。

东汉针灸陶人身高24厘米，胸宽7厘米。陶人造型质朴，浑身遍布排列成行的针灸穴位，具有极高的学术价值和艺术价值，比宋代针灸学家王唯一主持设计的针灸铜人要早将近1000年。

东晋张仲景墓碑立于公元330年，距医圣张仲景去世有111年，碑文雄伟潇洒，线条流畅，具有极高的学术价值、历史价值和艺术价值。

白云阁藏本木刻版《伤寒杂病论》，为张仲景第四十六代孙张绍神所珍藏，几经辗转，才得以保存。后代医学家称这套木刻版为善版、珍版、绝版。

阅读链接

传说，张仲景病入膏肓时，长沙来人看望他说，想让他百年之后在长沙安身，但南阳人却不干了，双方就争吵了起来。

当时，张仲景就对大家说："吃过长沙水，不忘长沙父老情；生于南阳地，不忘家乡养育恩。我死以后，你们就抬着我的棺材从南阳往长沙走，灵绳在什么地方断了，就把我埋葬在那里好了。"

那年冬天，张仲景去世了。当送葬的队伍走到张仲景当年为大家舍"祛寒娇耳汤"的地方时，棺绳忽然断了。

于是大家就地打墓和下棺，并在坟前修建了一座庙，这就是后来的医圣祠。

文丞相祠

　　北京文丞相祠，坐落在北京市东城区府学胡同63号，始建于1376年，明清两代为祭祀南宋抗元英雄和爱国诗人文天祥，将他当年被囚禁的土牢旧址扩大改建而成。

　　文天祥，号文山，江西庐陵，即江西吉安人，官至丞相，封信国公。他抗元被俘后，始终不屈，于1283年英勇就义。

　　北京文丞相祠由大门、前殿和后殿组成，祠内有明代《宋文丞相传》石碑、清代《重修碑记》石碑等石刻珍品。

千古流芳的抗元名相文天祥

文天祥出生于南宋末年的一个诗书之家，他21岁中状元。

1271年，元世祖孛儿只斤·忽必烈建元朝。1275年，因元军大举进攻，宋军的长江防线全线崩溃，朝廷下诏让各地组织兵马勤王。文天祥立即捐献家资充当军费，招募当地豪杰，组建了一支万余人的义军，开赴南宋都城临安，即杭州。

文天祥画像

南宋朝廷委任文天祥知平江府，命令他发兵援救常州，旋即又命令他驰援独松关。由于元军攻势猛烈，江西义军虽英勇作战，但最终未能挡住元军兵锋。次年正月，元军兵临临安，文武官员都纷纷出逃。谢太后任命文天祥为右丞相兼枢密使，派他出城与元军讲和。

■ 文丞相祠正门

出乎意料的是，文天祥一到了元军大营，就被元军扣留。1276年，谢太后见大势已去，只好抱着年仅5岁的宋恭帝赵显出城向元军献上玉玺投降。

当时，元军虽占领了临安，但未完全控制和占领两淮、江南和闽广等地。于是，元军企图诱降文天祥，利用他的声望来尽快收拾残局。

文天祥宁死不屈，元军只好将他押解北方。行至江苏镇江，文天祥冒险出逃，经过许多艰难险阻辗转到达福州，被宋端宗赵昰任命为右丞相。

此后，以南宋右丞相文天祥、南宋左丞相陆秀夫、南宋抗元大将张世杰为首的抗元名臣继续在福建和广东一带抗元。文天祥与陆秀夫和张世杰被后世尊为"宋末三杰"。

1278年冬，元军大举来攻，文天祥在率部向广东五坡岭撤退的途中，遭到元军的攻击，兵败被俘。

谢太后 本名谢道清，历史上有名的南宋女政治家。她在1227年被宋理宗赵昀册封为皇后。宋度宗赵禥即位，尊为皇太后。1275年宋恭帝赵显即位，尊为太皇太后。当时，宋恭帝才5岁，应众大臣屡请，随宋恭帝垂帘听政。

陆秀夫（1236—1279年），字君实，一字宴翁，别号东江，楚州盐城（今属江苏）长建里人。南宋左丞相，抗元名臣，他受命于危难之际，殚精竭虑，颠沛流离，试图力挽狂澜，维护大宋江山，最终以自己的忠节之举报效国家。"宋末三杰"之一。

1279年，南宋抗元名相陆秀夫携年仅8岁的小皇帝宋端宗赵昺在崖山蹈海自尽，南宋灭亡。

同年，文天祥被押往大都，即北京。途中，元朝利用宋恭帝去劝他投降，他仍然不从，并写下了千古诗句《过零丁洋》：

辛苦遭逢起一经，干戈寥落四周星。

山河破碎风飘絮，身世浮沉雨打萍。

惶恐滩头说惶恐，零丁洋里叹零丁。

人生自古谁无死，留取丹心照汗青。

■ 祠内文天祥铜像

在文天祥看来，宋恭帝是君主，不幸失去国家值得同情。但当此之时，社稷为重君为轻，他决不能以忠君的行动去改变他忠于国家的信念。

文天祥被押赴大都后，关在兵马司土牢，就是后来修建文天祥祠的地方。在被囚的4年中，文天祥也曾收到女儿柳娘的来信，得知妻子和两个女儿都在元宫中为奴，他深知女儿来信其实就是元廷对他的暗示：只要投降，家人即可团聚。

然而，文天祥尽管心如

刀割，却不愿因妻子和女儿而丧失民族气节。后来，元朝丞相孛罗帖木儿和元世祖孛儿只斤·忽必烈先后亲自劝降文天祥，但面对元统治者的软硬兼施、恩威并用，文天祥均不为所动，他誓死不降，并在狱中写下了千古不朽的《正气歌》，凛然正气表现了他坚贞不屈的爱国情操。

■ 文丞相祠内牌匾

1283年1月9日，文天祥在北京就义，年仅47岁。文天祥殉难后，人民以各种方式纪念他。

曾经参加义军的王炎午写了《望祭文丞相文》，赞扬文天祥像岁寒的松柏一样坚贞。他的死，使"山河顿即改色，日月为之韬光"。

1323年，在文天祥家乡的郡学里，他的遗像挂在先贤堂，与北宋文学家欧阳修、为国捐躯的北宋进士杨邦乂、南宋爱国名臣胡铨等并列祭祀。

文天祥不仅是一个民族主义者，也是一个政治家。他认为南宋的危机主要在内部而非外部，因此积极要求改革。

宋恭帝（1271—1323），本名赵显，又称宋恭宗，南宋第七位皇帝，宋度宗次子。1276年，元兵侵入临安，被房入燕，降瀛国公。后来学佛于吐蕃，僧名合尊。1323年，他因写诗触犯文字狱，被元朝皇帝发现，赐死于河西，享年53岁。

文天祥手植枣树

他曾经上书，要求朝廷加强地方力量以抵御外侮；同时提出革除祖宗专制之法，通言路、集众思、从众谋，发挥中书枢密院的作用，主张用人必须举贤授能，收用君子，起用直言敢谏之士。

但由于诸多因素，文天祥的主张未能实现。但事实说明，文天祥的政治主张，不但表达了时代的要求，而且顺应了历史发展的进程。

文天祥晚年的诗词，集中反映了他坚贞的民族气节和顽强的战斗精神。其词风格慷慨激昂，苍凉悲壮，具有强烈的感染力。文天祥的文集、传记在民间流传很广，历久不衰，激励着民族的正气。

阅读链接

1275年正月，文天祥接到南宋朝廷传旨，命他前赴行在，就是皇帝当时正离京寄居之处勤王。文天祥捧读诏书，痛哭流涕，立即发布榜文，征募义勇之士，筹集粮饷。他也捐出全部家财做军费，把母亲和家人送到弟弟处赡养，以示毁家纾难。

在文天祥的感召下，一支以农民为主、知识分子为辅的义军在极短时间内组成，总数达3万人以上。

当时，有一位友人曾对文天祥说："现在元军三路进兵，你以乌合之众迎敌，无异驱群羊斗猛虎。"

文天祥回答："我也知道如此。但受君之恩，食国之禄，应该以死报国呀！"

对此，后人为了感念文天祥，往往不直呼其名，而称之为"文山"或"文文山"，以示敬意或尊重。

纪念爱国名相的文丞相祠

"人生自古谁无死，留取丹心照汗青"，这两句诗千古传诵，激励着无数仁人志士，文天祥本人也以实际行动实践了自己的诺言。

文天祥历来是坚贞不屈、精忠报国的爱国典范，受到人民的爱

■ 文丞相祠石刻《正气歌》

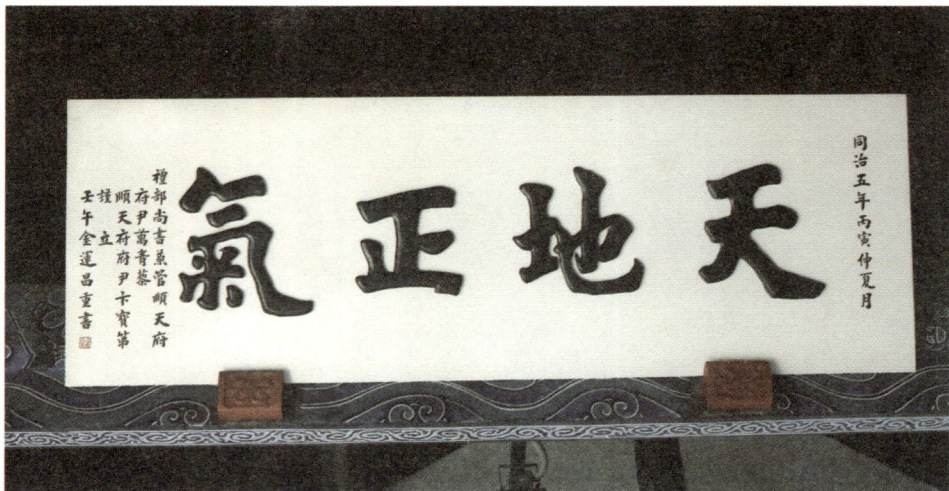
■ 文丞相祠内牌匾

按察司 官名，提刑按察使司的简称，是元朝、明朝、清朝设立在省一级的司法机构，主管一省的刑名、诉讼事务。同时也是中央监察机关都察院在地方的分支机构，对地方官员行使监察权。按察司为我国清朝中央政府机构之一，隶属最高监察机关——都察院。

戴。明朝建立后，不少地方都建祠纪念他。

在北京东城、浙江温州、深圳南山和江苏南通等地先后兴建了文丞相祠。但在文天祥的纪念性建筑中，最为著名的是北京的文丞相祠。因为，文天祥不仅被囚、被害于此，名篇《正气歌》也写就于此。

1376年，明代文学家、按察司副使刘松主持在文天祥就义和被俘囚地附近，在顺天府学的右侧修建"文丞相祠"。当时，他还把文天祥被害的柴市一带也改名为"教忠坊"。

1408年，明朝朝廷把祭祀文天祥列入祀典，每年春秋两次，由顺天府官员主持祭祀仪式，同时重修了文丞相祠。

1429年，顺天府尹李庸主持重修了文丞相祠。到万历年间，顺天府督学商为正将文丞相祠从顺天府学以西迁至顺天府学以东，原祠址改为怀忠会馆，丞相祠的规格也有了进一步提高。此后，清代嘉庆和道光年间，都对文丞相祠进行了修缮。

文丞相祠坐北朝南，自南向北由大门、过厅、享堂三部分组成，面积600多平方米。文丞相祠的大门为牌楼式，进深1.5米，宽3.2米，悬山筒瓦大脊并饰以脊兽；门前一对抱鼓石，两侧砌有青砖反"八"字影壁；门楣内外正中各悬一匾，门外匾额书"文丞相祠"，门内匾额书"浩然之气"。

大门与过厅构成一进院落，过厅3间为腰厅，面阔10.8米，进深五檩8.7米。前廊后厦，大木大式硬山筒瓦大脊，并饰以脊兽。

在过厅正中立有一尊文天祥半身塑像。相传，文丞相祠初建的时候，文天祥塑像着儒服，后来才改为宋丞相的官服：头戴高冠，手执笏板，面容安详，双目炯炯有神，直视南方，三绺黑须飘洒胸前，一派儒雅风范。

抱鼓石 一般是指位于宅门入口、形似圆鼓的两块人工雕琢的石质构件，因为它有一个犹如抱鼓的形态承耗于石座之上，故此得名。抱鼓石民间称谓较多，如石鼓、门鼓、圆鼓子、石镙鼓和石镜等。抱鼓石是宅门的门第符号，是标志屋主等级差别和身份地位的装饰品。

■ 文丞相祠碑刻

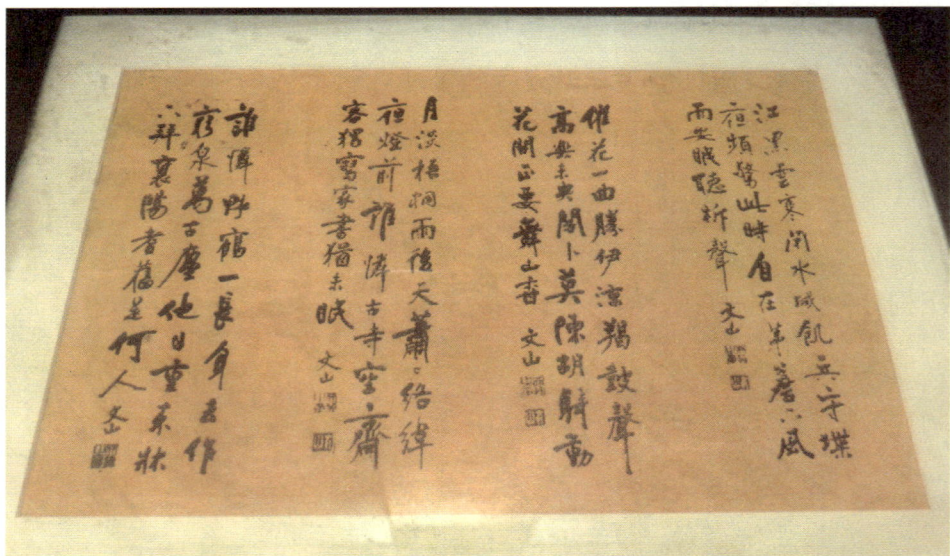

威仪的祭祠

■ 文天祥遗墨

文天祥塑像后面设有一道屏风，屏风正面书有文天祥的诗句"人生自古谁无死，留取丹心照汗青"。屏风的背面有明代书画家文徵明石刻文天祥的诗《正气歌》：

> 天地有正气，杂然赋流形。
> 下则为河岳，上则为日星。
> 于人曰浩然，沛乎塞苍冥。
> ……

文徵明（1470—1559年），原名壁，字徵明，号衡山居士，明代画家、书法家和文学家。他曾官至翰林待诏。在诗文上，他与明代的文学家祝允明、唐寅、徐真卿并称"吴中四才子"。在画史上，他与明代的杰出画家沈周、唐寅和仇英合称"吴门四家"。

这首五言古诗，共60句，是文天祥用生命谱写的《正气歌》，不仅是他理想美、人格美的体现，而且是其爱国思想的集中升华。

此外，过厅里有文天祥的"生平事迹展览"，主要介绍文天祥的"青少年时期""入仕后15年间""起兵抗元""九死一生""再举战旗""兵败被俘"

"被囚就义"的英雄事迹。

过厅之后为二进院落，院内原有三棵树龄达百年的古槐和枣树等。后来，只剩下了一棵歪脖枣树，位于享堂前东侧。相传，这棵枣树为文天祥当年被囚于兵马司时亲手所植。

其奇特之处在于它尽管枝干虬曲，但都自然倾斜向南，似乎也在学着文天祥"臣心一片磁针石，不指南方誓不休"的精神。为此，有人还在这里写了一副楹联：

> 雷潜九地声元在；
> 月挂千山魂再明。

二进院的主体建筑为灰筒瓦、悬山顶式的享堂，是用来供奉并祭祀文天祥的地方。享殿大小同过厅相同。大式悬山筒瓦调大脊，檐下出单昂一斗两升斗拱，是明代建筑。

享殿的门楣正中悬有一匾："万古纲常"。享殿中间的须弥石座

■ 文丞相祠内供奉的文天祥塑像

文丞相祠的碑刻

上置一木龛，龛上一匾："古谊忠肝"，龛内供奉一尊文天祥手持朝笏的彩塑坐像，上悬"浩然之气"匾额。

在享殿里面，除了珍贵的"教忠坊"石刻嵌刻在文丞相祠享堂的西壁上外，还保存有许多历代石刻等珍贵文物。

最著名的莫过于东壁上嵌刻的唐代大书法家李邕所写的《云麾将军李秀碑》断碑二础石，北墙前有明代王逊刻写的《宋文丞相传》和清代的朱为弼写的《重修碑记》碑一通等。

阅读链接

据史料记载，在文天祥被掳去元大都至被害的4年中。元朝曾千方百计地对他劝降、逼降、诱降，参与劝降的人物之多、威逼利诱的手段之毒、许诺的条件之优厚，都超过了宋臣。

有一天，元世祖孛儿只斤·忽必烈问大臣们："南方和北方的宰相，谁最贤能？"

群臣奏称："北人无如耶律楚材，南人无如文天祥。"

于是，忽必烈下旨，授文天祥高官显位。不久，便召见了文天祥，许他高职。文天祥拒绝了，并说："但愿一死！"

文天祥就义那天，行刑前，他问明了方向，随即向着南方拜了几拜。

监斩官问："丞相有什么话要说？回奏尚可免死。"

文天祥不再说话，从容就义。